Schriften
des
Vereins für Sozialpolitik.

Deutsche Zahlungsbilanz und Stabilisierungsfrage.

Im Auftrage des Vereins
veranstaltet von
Karl Diehl und Felix Somary.

164. Band.

Gutachten,
herausgegeben von
Emil Lederer und Melchior Palyi.

Zweiter Teil.
**Die geldtheoretische und geldrechtliche Seite
des Stabilisierungsproblems**
von
Ludwig Mises und Franz Klein.

Verlag von Duncker & Humblot.
München und Leipzig 1923.

Die geldtheoretische und geldrechtliche Seite des Stabilisierungsproblems.

Von

Ludwig Mises und Franz Klein.

Verlag von Duncker & Humblot.
München und Leipzig 1923.

Alle Rechte vorbehalten.

Altenburg
Pierersche Hofbuchdruckerei
Stephan Geibel & Co.

Inhaltsübersicht.

Seite

Die geldtheoretische Seite des Stabilisierungsproblems. Von
    Prof. Dr. Ludwig Mises . . . . 1—37

Geldrechtliche Probleme der Stabilisierung. Von Minister a. D.
    Dr. Franz Klein (Wien) . . . . 39—75

Die geldtheoretische Seite des Stabilisierungsproblems*).

Von

Ludwig Mises.

---

*) Abgeschlossen im Januar 1923.

Inhaltsübersicht.

	Seite
Einleitung	3
I. Der Ausgang der Inflation	5
II. Die Loslösung des Geldes von der staatlichen Wertbeeinflussung	13
III. Die Rückkehr zum Golde	16
IV. Die Relation	18
V. Die Bedenken der Anhänger der „Zahlungsbilanztheorie"	21
VI. Das Argument des Inflationismus	26
VII. Die neue Geldverfassung	33
VIII. Die ideologische Bedeutung der Reform	36

Einleitung.

Das Problem der Stabilisierung des Geldwertes, das die Währungspolitik nahezu aller Völker heute heftig bewegt, darf mit den Bestrebungen zur Schaffung eines Geldes von unveränderlichem innerem objektivem Tauschwert, das einst in glücklicheren Tagen die Geister beschäftigt hat, nicht verwechselt werden. Damals handelte es sich darum, Geldnachfrage und Geldangebot ohne Veränderung der Kaufkraft der Geldeinheit zur Deckung zu bringen; man strebte darnach, ein Geldsystem aufzurichten, bei dem von Seite des Geldes keine Verschiebungen des zwischen dem allgemein gebräuchlichen Tauschmittel und den übrigen wirtschaftlichen Gütern bestehenden Austauschverhältnisses ausgehen. Die volkswirtschaftlichen Folgen der Geldwertveränderungen, die man allgemein als ein Übel empfand, sollten bis auf den letzten Rest vermieden werden. Es hat keinen Sinn, heute zu erörtern, warum dieses Ziel nicht erreicht werden konnte und nicht erreicht werden kann. Heute bewegen uns andere Sorgen. Wir wären froh, wenn wir im Geldwesen das wieder erreicht hätten, dessen wir uns damals erfreuen konnten. Hätten wir nur die Goldwährung wieder, dann würden uns ihre Mängel nicht weiter beunruhigen; wir würden es mit in Kauf nehmen, daß auch der Goldwert gewissen Schwankungen ausgesetzt ist.

Das Geldproblem von heute ist ein anderes. Im Kriege und nach dem Kriege haben viele Staaten ungeheure Mengen mit gesetzlicher Zahlkraft ausgestatteten Kreditgeldes in Verkehr gesetzt. Unter der Wirkung jener Verkettungen, die das Greshamsche Gesetz beschreibt, ist das Gold aus dem Geldumlauf dieser Länder verschwunden. Sie haben heute Papierwährungen, deren Kaufkraft jähen Veränderungen ausgesetzt ist. Die Geldwirtschaft ist heute so stark ausgebildet, daß die Nachteile, die die Mangelhaftigkeit der Geldsysteme auslöst, auf die Dauer unerträglich werden. Der Ruf nach Beseitigung der Mißstände auf dem Gebiete des Währungswesens ist allgemein geworden. Man ist zur Überzeugung gelangt, daß Wiederherstellung des gesellschaftlichen Friedens im Innern der Staaten und Wiederbelebung der internationalen Wirtschaftsbeziehungen nicht ohne Ordnung des Geldsystems möglich sind.

I. Der Ausgang der Inflation.

Wird an der Übung, den Abgang im öffentlichen Haushalte durch Neuausgabe von Noten zu bedecken, festgehalten, dann muß unfehlbar früher oder später der Tag kommen, an dem das Geldwesen der Staaten, die dieses Verfahren einschlagen, ganz zusammenbricht. Die Kaufkraft des Geldes wird immer mehr und mehr sinken, sie wird schließlich ganz schwinden. Man könnte sich zwar vorstellen, daß der Prozeß der Geldentwertung sich ins Endlose fortsetzt. Die Kaufkraft wird immer kleiner, ohne je ganz zu verschwinden; die Preise steigen immer mehr und mehr, doch immer bleibt es noch möglich, gegen Noten Waren einzutauschen. Man gelangt schließlich dazu, auch im Kleinverkehr mit Milliarden und mit Billionen und dann mit noch höheren Beträgen zu arbeiten; doch das Geldsystem selbst bleibt bestehen. Aber das ist eine Vorstellung, der die Wirklichkeit kaum zu entsprechen vermag. Dem Verkehr wäre durch ein Geld, das immerfort im Werte sinkt, auf die Dauer nicht gedient. Als standard of deferred payments kann man es nicht verwenden. Für alle Umsätze, bei denen Geld und Ware oder Dienstleistung nicht Zug um Zug getauscht werden, müßte man sich nach einem anderen Vermittler umsehen. Doch auch für Bargeschäfte wird das sich immer weiter entwertende Geld unbrauchbar. Jedermann wird bestrebt sein, seinen Kassenbestand, an dem er beständig Verluste erleidet, so gering als möglich zu halten; einfließendes Geld wird so schnell es geht fortgegeben werden, und in den Käufen, die abgeschlossen werden, um an Stelle des im Werte schrumpfenden Geldes wertbeständigere Güter einzutauschen, werden schon höhere Preise bewilligt, als im übrigen den augenblicklichen Verhältnissen des Marktes angemessen wäre. Die letzten Monate haben im Deutschen Reiche ungefähr ein Bild davon gegeben, was sich abspielen müßte, sobald sich einmal in der Bevölkerung die Meinung festgesetzt hat, daß das Fortschreiten der Geldentwertung nicht mehr aufzuhalten sei. Wenn Waren, die man überhaupt oder zumindest im Augenblick nicht braucht, eingekauft werden, weil man die Noten nicht aufheben will, dann hat bereits der Prozeß begonnen, der die Noten aus der Verwendung als allgemein gebräuchliches Tauschmittel hinausdrängt. Es ist der Anfang der „Demonetisierung" der Noten. Der panikartige Charakter, der dem Vorgange anhaftet, müßte seinen Verlauf abkürzen. Es kann einmal, zweimal, vielleicht auch dreimal und viermal gelingen, die aufgeregten Massen zu beschwichtigen; schließlich aber kann die Sache bis zum Ende ablaufen, und dann gibt es kein Zurück mehr. Wenn einmal die Geldentwertung so rasche Fortschritte macht, daß die Verkäufer fürchten müssen, selbst dann empfindliche Verluste zu erleiden, wenn sie mit der größten Eile wieder einkaufen, dann gibt es für die Währung keine Rettung mehr.

Man hat in allen Ländern, in denen die Inflation schnell fortschreitet, festgestellt, daß die Entwertung des Geldes rascher vor sich gehe als die Vermehrung seiner Menge. Wenn m die Nominalsumme des Geldes darstellt, die vor dem Beginne der Inflation im Lande vorhanden war, P den Goldwert, den die Geldeinheit damals hatte, M die Nominalsumme des Geldes, das in einem bestimmten Zeitpunkt der Inflation vorhanden ist, und p den Goldwert, den die Geldeinheit in diesem Zeitpunkt hat, dann ist, wie vielfach durch einfache statistische Untersuchungen ermittelt wurde,

$$m P > M p.$$

Man hat daraus folgern wollen, daß die Entwertung des Geldes zu schnell fortgeschritten und daß der Stand der Wechselkurse nicht „gerechtfertigt" sei. Manche haben den Schluß gezogen, daß offenbar die Quantitätstheorie nicht richtig und die Geldentwertung nicht durch die Vermehrung der Geldmenge bewirkt sein könne. Andere wieder haben, die Quantitätstheorie in ihrer primitivsten Gestalt anerkennend, die Zulässigkeit, ja die Notwendigkeit einer weiteren Vermehrung der Geldmenge befürwortet, die so lange fortzugehen habe, bis der Gesamtgoldwert der im Lande befindlichen Geldmenge wieder auf die Höhe gebracht worden ist, die er vor dem Beginn der Inflation gehabt hatte, also bis

$$M p = m P.$$

Der Irrtum, der in all dem steckt, ist nicht schwer zu erkennen. Wir wollen dabei ganz davon absehen, daß, wie noch später auszuführen sein wird, der Valutenkurs der Börsen (damit auch das Metallagio) in den Anfängen der Inflation der in den Warenpreisen zum Ausdruck gelangenden Kaufkraft der Geldeinheit vorauseilt, so daß man nicht mit dem Goldwert operieren darf, sondern mit der vorläufig noch höheren Kaufkraft gegenüber den Waren. Denn auch diese Rechnung, in der P und p nicht den Goldwert, sondern die Kaufkraft den Waren gegenüber zu bedeuten hätten, würde in der Regel noch das Endergebnis

$$mP > Mp$$

zeigen. Es ist vielmehr zu beachten, daß mit dem Fortschreiten der Geldentwertung allmählich der Geldbedarf (in bezug auf das in Rede stehende Geld) zu sinken beginnt. Wenn man desto größere Vermögenseinbußen erleidet, je länger man das Geld im Schrank liegen hat, trachtet man darnach, seinen Kassenbestand auf das niedrigste Maß herabzusetzen. Weil jeder einzelne, auch wenn sich seine Verhältnisse sonst nicht geändert haben sollten, nun seinen Kassenbestand nicht länger auf derselben Werthöhe erhalten will, den er vor Beginn der Inflation hatte, vermindert sich der Geldbedarf der ganzen Volkswirtschaft, der doch nichts anderes sein kann als die Summe des Geldbedarfes der Einzelwirtschaften. Dazu kommt, daß in dem Maße, in dem der Verkehr allmählich dazu übergeht, sich ausländischen Geldes und effektiven Goldes an Stelle der Noten zu bedienen, die einzelnen anfangen, einen Teil ihrer Reserven in fremdem Geld und in Gold und nicht mehr in Noten anzulegen. Bei der Beurteilung der deutschen Verhältnisse ist ferner noch besonders zu beachten, daß das Umlaufsgebiet der Reichsmark heute kleiner ist als 1914, und daß die Deutschen heute schon aus dem Grunde geringere Geldmittel benötigen, weil sie ärmer wurden. Alle diese den Geldbedarf herabdrückenden Umstände würden sich noch viel stärker geltend machen, wenn ihnen nicht auf der anderen Seite zwei Momente entgegenstehen würden, die den Geldbedarf erhöhen: die Nachfrage nach Marknoten, die von den ausländischen Valutaspekulanten ausgegangen ist und zum Teil noch heute ausgeht, und die Tatsache, daß die durch die allgemeine Wirtschaftszerrüttung bewirkte Verschlechterung der Zahlungstechnik caeteris paribus den Geldbedarf erhöht hätte.

Geld, dessen künftige Wertgestaltung ungünstig beurteilt wird, wird in spekulativer Vorwegnahme der zu erwartenden Kaufkraftverringerung niedriger bewertet, als dem augenblicklichen Verhältnis von Geldangebot und Geldnachfrage entsprechen würde. Es werden Preise gefordert und gezahlt, die nicht der gegenwärtigen Höhe des Geldumlaufes und nicht dem gegenwärtigen Stande des Geldbedarfes entsprechen, sondern künftigen Tatsachen. Die Angstkäufe in den Läden, wo die Käufer sich drängen, um noch irgendein Stück zu ergattern, und die

Panikkurse der Börse, wo die Preise der Effekten, die nicht Anspruch auf feste Geldsummen darstellen, und der Valuten sprunghaft emporgetrieben werden, eilen der Entwicklung voraus. Für die Preise, die der vermuteten künftigen Lage des Angebots von Geld und der Nachfrage nach Geld entsprechen, ist aber im Augenblick nicht genug Geld vorhanden. So kommt es, daß der Verkehr unter dem Mangel an Noten leidet, daß zur Durchführung der abgeschlossenen Geschäfte nicht genug Noten zur Verfügung stehen. Der Marktmechanismus, der Gesamtnachfrage und Gesamtangebot durch Verschiebung des Austauschverhältnisses zur Deckung bringt, funktioniert für die Gestaltung des zwischen dem Gelde und den übrigen wirtschaftlichen Gütern bestehenden Austauschverhältnisses nicht mehr. Im Spätherbste des Jahres 1921 konnte man dies in Österreich deutlich beobachten. Die Abwicklung des Geschäftsverkehres litt empfindlich unter dem Mangel an Noten.

Diesem Übelstand kann, wenn die Dinge einmal soweit gediehen sind, in keiner Weise abgeholfen werden. Wollte man, wie manche vorschlagen, die Notenausgabe noch mehr steigern, so würde man die Sache nur noch verschlimmern. Denn da die Panik dann noch wachsen würde, so würde das Mißverhältnis zwischen Geldentwertung und Geldumlauf noch verschärft werden. Der Mangel an Noten für die Bewältigung der Umsätze ist eine Erscheinung der weit vorgeschrittenen Inflation; er ist die Kehrseite der Angstkäufe und der Angstpreise, der Katastrophenhausse.

Diese Knappheit an Geld ist natürlich nicht mit dem zu verwechseln, was der Geschäftsmann unter Geldknappheit zu verstehen pflegt, mit dem Steigen des Zinssatzes für kurzfristige Anlagen. Die Inflation, deren Ende nicht abzusehen ist, bewirkt aber auch das. Da der alte, schon von David Hume und Adam Smith widerlegte Irrtum glaubt, man könne die Geldknappheit (im Sinne der Kaufmannssprache) durch Vermehrung der umlaufenden Geldmenge mildern, noch immer von der Menge geteilt wird, hört man immer wieder die Verwunderung darüber aussprechen, daß trotz des beständigen Anwachsens des Notenumlaufs Geldknappheit herrsche. Doch der Zinsfuß steigt nicht trotz, sondern gerade wegen der Inflation. Wenn mit dem Anhalten der Inflation zu rechnen ist, muß der Geldverleiher darauf gefaßt sein, daß die Geldsumme, die ihm der Schuldner nach Beendigung des Kreditverhältnisses zurückerstattet, geringere Kaufkraft darstellen wird als jene Summe, die er ausgeliehen hatte. Hätte er die Summe nicht kreditiert, sondern dafür Waren, Effekten oder Valuten gekauft, so wäre er besser gefahren; er hätte entweder geringeren Verlust erlitten oder auch überhaupt jeden Verlust vermieden. Umgekehrt fährt der Schuldner dabei gut; wenn er für das geborgte Geld Waren kauft und nach einiger Zeit verkauft, dann bleibt ihm nach Abzug der zurückzuerstattenden Leihsumme ein Überschuß. Für ihn ergibt das Kreditgeschäft einen Gewinn, einen wirklichen Gewinn, keinen Inflationsscheingewinn. Es ist daher leicht zu verstehen, daß, solange auf Fortschreiten der Geldentwertung zu rechnen ist, die Geldverleiher höhere Zinsen verlangen und die Geldborger bereit sind, höhere Zinsen zu zahlen. Wo Gesetz oder Verkehrssitte dem Steigen des Zinssatzes entgegenwirken, wird der Abschluß von Kreditverträgen sehr erschwert; damit erklärt sich der Rückgang des Sparens jener Bevölkerungsschichten, für die das Kapitalbilden nur in der Gestalt der Geldeinlage bei Bankanstalten oder durch Ankauf von festverzinslichen Werten möglich ist.

Die Loslösung des Verkehrs von dem sich immer mehr als unbrauchbar erweisenden Gelde beginnt mit seiner Verdrängung aus der Hortung. Man fängt an, anderes Geld — etwa Edelmetallgeld, ausländische Noten (mitunter auch höher geschätzte, weil von staatswegen nicht vermehrbare Inlandsnoten, wie die Romanow-Rubel in Rußland oder das „blaue" Geld im kommunistischen Ungarn), dann auch Barrenmetall, Edelsteine und Perlen, selbst Bilder, andere Kunstgegenstände und Briefmarken — anzuhäufen, wenn man für unvorhergesehenen künftigen Bedarf absatzfähige Güter zur Verfügung haben will. Ein weiterer Schritt ist der Übergang des Kreditverkehrs zur Auslandswährung oder zum metallischen Sachgelde, d. h. praktisch zum Golde. Wenn dann auch im Warenhandel die Verwendung des inländischen Geldes aufhört, müssen endlich auch die Löhne in anderer Weise beglichen werden als durch Papierstücke, mit denen nichts mehr anzufangen ist.

Nur ganz unverbesserliche Etatisten können sich der Hoffnung hingeben, daß ein immer weiter im Werte sinkendes Geld sich auf die Dauer im Verkehre als Geld zu erhalten vermag. Daß die Mark heute noch immer als Geld gebraucht wird, ist nur dem Umstande zuzuschreiben, daß allgemein noch die Meinung herrscht, die fortschreitende Entwertung werde bald zum Stillstande kommen, ja daß vielfach noch der Glaube besteht, der Wert der Geldeinheit werde wieder steigen. In dem Augenblick, da diese Auffassung als unhaltbar erkannt werden sollte, wird auch der Prozeß der Verdrängung der Noten aus der Geldstellung beginnen, und wenn ihn dann überhaupt noch etwas aufhalten kann, so könnte es nur ein neuerlicher Umschwung in den Anschauungen über ihre künftige Wertgestaltung sein. Die Erscheinungen, die als Angstkäufe bezeichnet werden, haben uns eine schwache Vorahnung davon gegeben, wie dieser Prozeß anfangen wird; es kann sein, daß wir ihn einmal ablaufen sehen werden.

Aus ihrer Stellung als gesetzliches Zahlungsmittel können die Noten freilich nicht anders als durch einen Akt der Gesetzgebung verdrängt werden. Auch wenn sie ganz wertlos geworden sein werden, auch wenn man mit Milliarden Mark nicht imstande sein sollte, auch nur das Geringste zu kaufen, wird man auf Mark lautende Zahlungsverpflichtungen durch Hingabe von Marknoten erfüllen können. Doch das bedeutet nichts anderes als das, daß eben alle Markgläubiger durch den Zusammenbruch der Papierwährung geschädigt werden. Die Kaufkraft der Mark wird dadurch nicht vor der Vernichtung bewahrt werden können.

Die kräftigste Stütze der Geldstellung der Noten ist die Spekulation. Die landläufige etatistische Legende behauptet allerdings das Gegenteil. Sie will die ungünstige Gestaltung des Kurses des deutschen Geldes seit 1914 in erster Linie oder doch zum guten Teil auf die verderbliche Wirkung der Baissespekulation zurückführen. In der Tat liegen die Dinge so, daß das Ausland während des Krieges und nachher beträchtliche Mengen Marknoten aufgenommen hat, weil es mit einer künftigen Erholung des Markkurses rechnete. Wären diese Summen nicht vom Auslande angezogen worden, dann hätten sie auf dem Inlandmarkte eine stärkere Preissteigerung hervorrufen müssen. Daß auch die Inländer mit einer künftigen Preissenkung rechnen, kann oder konnte man zumindest bis in die letzte Zeit überall beobachten. Immer wieder bekommt oder bekam man zu hören, daß jetzt alles so teuer sei, daß man alle nicht schlechterdings unaufschiebbaren Ankäufe auf spätere Zeit vertagen müsse. Auf der anderen Seite wieder wird gesagt, die augenblickliche Preisgestaltung sei für Verkäufe besonders günstig. Es ist übrigens nicht zu bestreiten, daß sich in dieser Auffassung schon ein Umschwung zu vollziehen im Begriffe ist.

Es war für die Gestaltung des Kurses der Noten nachteilig, daß man der Valutenspekulation Hindernisse in den Weg gelegt und daß man besonders die Valutatermingeschäfte erschwert hat. Doch auch die

Tätigkeit der Spekulation könnte in dem Augenblicke nicht mehr helfen, in dem die Anschauung allgemein wird, daß keine Hoffnung mehr besteht, die fortschreitende Geldentwertung aufzuhalten. Dann werden sich auch die Optimisten von der Mark und der Krone zurückziehen und aus dem Lager der Haussepartei in das der Baissepartei übergehen. Wenn auf dem Markte nur eine Meinung herrscht, gibt es keine Meinungskäufe mehr.

Der Prozeß der Verdrängung der Noten aus der Geldstellung kann sich entweder verhältnismäßig langsam vollziehen oder auch panikartig mit einem Schlage, vielleicht in Tagen oder gar Stunden. Vollzieht er sich langsamer, so heißt das, daß der Verkehr schrittweise dazu übergeht, an Stelle der Noten andere Tauschmittel allgemein zu gebrauchen. Die Übung, die Geschäfte in ausländischem Gelde oder in Gold abzuschließen und abzuwickeln, die schon gegenwärtig in manchen Zweigen auch des Inlandsgeschäftes einen gewissen Umfang hat, bürgert sich mehr und mehr ein. In dem Maße aber, in dem der einzelne infolgedessen dazu übergeht, in seinem Kassenvorrat weniger Marknoten und mehr ausländisches Geld vorrätig zu halten, kommt auch mehr fremde Valuta ins Land. Die wachsende Nachfrage nach ausländischem Geld führt dazu, daß für einen Teil des Gegenwertes der ins Ausland ausgeführten Werte nicht Waren eingeführt, sondern Valutensorten bezogen werden. Es sammelt sich im Inland allmählich ein Valutenvorrat an, der die Auswirkungen der schließlichen Katastrophe der inländischen Papierwährung wesentlich mildert. Wenn dann auch im Kleinhandel Auslandsgeld gefordert wird, wenn infolgedessen auch die Löhne zuerst zum Teil und dann ganz in Valuta bezahlt werden müssen, wenn schließlich auch der Staat sich genötigt sieht, in der Steuereinhebung und Beamtenbesoldung das gleiche zu tun, dann sind die dafür erforderlichen Beträge fremden Geldes zum großen Teil schon im Inlande aufzutreiben. Aus dem Zusammenbruch der staatlichen Währung ergibt sich nicht der Zustand, in dem nur direkter Tausch von Ware gegen Ware möglich ist. Fremdes Geld verschiedener Herkunft versieht, wenn auch in recht wenig befriedigender Form, den Gelddienst.

Zu dieser Annahme führen nicht nur unwiderlegbare theoretische Erwägungen, sondern auch die geschichtliche Erfahrung, die man mit dem Zusammenbruch von Währungen gemacht hat. Von dem 1781 erfolgten Zusammenbruch der „continental currency" der aufständischen amerikanischen Kolonien sagt White:

„As soon es paper money was dead, hard money sprang to life, and was abundant for all purposes. Much had been hoarded and much more had been brought in by the French and English armies and navies. It was so plentiful that foreign exchange fell to a discount[1]."

Die französischen mandats territoriaux sanken 1796 auf Null. Thiers führt darüber aus:

„Personne ne traitait plus qu'en argent. Ce numéraire, qu'on avait cru enfoui ou exporté à l'étranger, remplissait la circulation. Celui qui était caché se montrait, celui qui était sorti de France y rentrait. Les provinces méridionales étaient remplies de piastres, qui venaient d'Espagne, appelées chez nous par le besoin. L'or et l'argent vont, comme toutes les marchandises, là où la demande les attire; seulement leur prix est plus élevé, et se maintient jusqu'à ce que la quantité soit suffisante et que le besoin soit satisfait. Il se commettait bien encore quelques friponneries, par les remboursements en mandats, parce que les lois, donnant cours forcé de monnaie au papier, permettaient de l'employer à l'acquittement des engagements écrits; mais on ne l'osait guère, et, quant à toutes les stipulations, elles se faisaient en numéraire. Dans tous les marchés on ne voyait que l'argent ou l'or; les salaires de peuple ne se payaient pas autrement. On aurait dit qu'il n'existait point de papier en France. Les mandats ne se trouvaient plus que dans les mains de spéculateurs, qui les recevaient du gouvernement, et les revendaient aux acquéreurs de biens nationaux. De cette manière, la crise financière, quoique existant encore pour l'état, avait presque cessé pour les particuliers[2]."

---

[1] Vgl. White, Money and Banking illustrated by American History, Boston 1895, S. 142.

[2] Vgl. Thiers, Histoire de la Révolution Française, 7. Aufl., V. Bd., Brüssel 1838, S. 171. Geradezu grotesk ist es, wie die Schule Knapps diese Vorgänge darzustellen sucht. Illig (Das Geldwesen Frankreichs zur Zeit der ersten Revolution bis zum Ende der Papiergeldwährung, Straßburg 1914, S. 56) führt nach Erwähnung der Versuche, die der Staat machte, um „Silber valutarisch zu handhaben", aus: „Die Bestrebungen auf Wiedereinführung der so herbeigesehnten Barverfassung begannen aber erst im Jahre darauf, 1796, von Erfolg zu sein." Also auch der Zusammenbruch der Papiergeldwirtschaft war ein „Erfolg" der staatlichen Geldpolitik.

Man muß sich freilich hüten, die Wirkungen der Katastrophe, der unser Geldwesen entgegeneilt, mit den Wirkungen der erwähnten beiden Ereignisse zu vergleichen. Die Vereinigten Staaten waren 1781 ein vorwiegend agrarisches Land. Aber auch Frankreich war 1796 in der Entwicklung der volkswirtschaftlichen Arbeitsteilung und des Geldgebrauches und im Kassen= und Kreditverkehr noch auf einer niedrigen Stufe. Die Folgen des Zusammenbruches der Währung müssen in einem industriellen Land, wie es Deutschland ist, von einer ganz anderen Nachwirkung sein als in einem Land, dessen Bevölkerung zum größten Teil noch tief in der Naturalwirtschaft steckt.

Die Sache müßte noch viel schlimmer werden, wenn sich, wofür eine gewisse Wahrscheinlichkeit spricht, der Zusammenbruch des Papiergeldwesens nicht schrittweise, sondern panikartig mit einem Schlage vollziehen sollte. Die Bestände an Edelmetallgeld und an ausländischen Noten sind im Inland nur gering. Die im Kriege mit Eifer betriebene Konzentration des nationalen Goldbestandes bei der Zentralnotenbank und die Beschränkungen, die dem Verkehr in Auslandsgeld seit Jahren auferlegt wurden, haben bewirkt, daß die Summe der gehorteten Bestände an gutem Gelde lange nicht ausreicht, um die reibungslose Abwicklung des Geldverkehrs schon in den ersten Tagen und Wochen nach einem Zusammenbruche der Notenwährung zu ermöglichen. Es wird eine gewisse Zeit verstreichen, bis durch den Abverkauf von Effekten und Waren, durch Kreditaufnahme und durch Abhebung von Guthabungen im Auslande jene Menge Auslandsgeldes in den inländischen Verkehr gelangt sein wird, die er benötigen wird. In dieser Zwischenzeit wird man sich wohl mit Notgeldzeichen aller Art behelfen müssen. Daß die verkehrs= und zahlungstechnischen Schwierigkeiten, die sich daraus ergeben, gerade in dem Augenblicke, in dem durch die vollständige Entwertung der Noten alle Rentner und Sparer auf das härteste betroffen werden und die gesamte staatliche Finanz= und Wirtschaftspolitik durch das Versagen der Notenpresse zu radikalster Umstellung genötigt wird, die Unruhe in der Bevölkerung beträchtlich verschärfen müßten, ist wohl ohne weiteres einzusehen. Doch es hat keinen Sinn, die Einzelheiten einer solchen Katastrophe auszumalen. Es mußte nur auf sie hingewiesen werden, um zu zeigen, daß die Inflationspolitik nicht ins Endlose fortgesetzt werden kann. Man muß die Notenpresse rechtzeitig stillsetzen, weil am Ende ihrer Tätigkeit — und kein Mensch kann sagen, wie weit wir noch von diesem Ende ent=

fernt sind — eine böse Katastrophe wartet. Ob man nun die Fortsetzung der Inflation für nützlich oder nur für ungefährlich erachtet, ob man sie, wenn auch als ein Übel, so doch im Hinblick auf andere Möglichkeiten als das kleinere Übel ansehen will, ist demgegenüber gleichgültig. Denn die Inflation kann nur solange fortgesetzt werden, als man im Publikum noch nicht daran glaubt, daß man sie weiter fortsetzen will. Erkennt man einmal im Volke, daß die Inflation immer weiter fortgesetzt werden soll, daß mithin der Geldwert immer mehr und mehr sinken wird, dann ist das Schicksal des Geldwesens besiegelt. Nur die Meinung, daß die Inflation zum Stillstande kommen wird, hält den Wert der Noten noch aufrecht.

II. Die Loslösung des Geldes von der staatlichen Wertbeeinflussung.

Die erste Voraussetzung jeder Reform des Geldwesens muß die Stillsetzung der Notenpresse sein. Das Reich muß darauf verzichten, den Abgang im Reichshaushalte durch Ausgabe von Noten mittelbar oder unmittelbar zu decken. Die Reichsbank darf ihren Notenumlauf nicht mehr ausdehnen; Giroguthaben bei der Reichsbank dürfen nur bei Überweisung von bereits bestehenden Reichsbankgirokonten oder gegen Einzahlung von Noten oder von anderem in- oder ausländischem Geld eröffnet oder erhöht werden. Kredite darf die Reichsbank nur in dem Maße gewähren, als ihre eigenen und die ihr von Kreditoren zur Verfügung gestellten fremden Mittel dazu ausreichen; sie darf durch die Kreditgewährung die Summe ihrer nicht durch Gold oder ausländisches Geld bedeckten Noten und Giroverbindlichkeiten nicht erhöhen. Gibt sie aus ihren Beständen Gold oder ausländisches Geld ab, dann muß sie um den gleichen Betrag ihren Notenumlauf oder ihre Verbindlichkeiten aus dem Girodienst verringern[1]). Es dürfen keinerlei Einrichtungen geduldet werden, die eine Umgehung dieser Bestimmungen bewirken könnten. Lediglich um die Abwicklung des Zahlungsverkehrs zu den Quartalsterminen, besonders Ende September und Ende Dezember, zu erleichtern, könnte für je zwei bis drei Wochen eine mäßige, ziffernmäßig

---

[1]) Dem ausländischen Geld können dabei ohne allzu große Bedenken Devisen und ähnliche Forderungsrechte zugerechnet werden. Hingegen ist es wohl selbstverständlich, daß unter ausländischem Geld hier nur das Geld der Länder mit wenigstens halbwegs geordneten Währungsverhältnissen gemeint ist.

durch Gesetz genau festzulegende Überschreitung dieser im übrigen streng einzuhaltenden Grenze der Inverkehrsetzung von Umlaufsmitteln gestattet werden.

Es kann kein Zweifel darüber bestehen, daß damit dem Fortschreiten der Geldentwertung sogleich wirksam Einhalt geboten würde. In dem Maße, in dem in der Kaufkraft des deutschen Geldes gegenüber den Waren und den fremden Valuten bereits die Annahme, es werde die Inflation weiter fortgehen, zum Ausdruck gelangt, müßte selbst ein Steigen der Kaufkraft bis auf jene Höhe, die dem tatsächlichen Umlauf entspricht, eintreten.

Die Einstellung der Inflation bedeutet aber keineswegs schon Stabilisierung des Wertes des deutschen Geldes gegenüber dem ausländischen Gelde. Sind einmal der weiteren Inflation feste Schranken gesetzt, dann verändert sich die Menge des deutschen Geldes nicht mehr. Dann müssen aber mit den Veränderungen im Geldbedarf auch Veränderungen des zwischen dem deutschen und dem ausländischen Gelde bestehenden Austauschverhältnisses vor sich gehen. Die deutsche Volkswirtschaft wird nicht länger die mit der Inflation und der fortschreitenden Geldentwertung verbundenen Nachteile zu tragen haben; sie wird aber darunter leiden, daß die Valutenkurse beständigen, wenn auch nicht allzu starken Schwankungen unterworfen bleiben.

Würde man sich dazu entschließen, die währungspolitischen Reformen mit der Einstellung der Tätigkeit der Notenpresse als beendet zu erklären, dann dürfte voraussichtlich der Wert des deutschen Geldes dem Weltgelde, dem Gold, gegenüber langsam, aber ständig steigen. Denn die Menge des dem Gelddienste gewidmeten Goldes wächst ständig durch die Produktion der Minen; die Menge des deutschen Geldes aber wäre ein für allemal begrenzt. Es ist also als sehr wahrscheinlich zu bezeichnen, daß die Rückwirkungen der Verschiebungen im Verhältnis zwischen Geldvorrat und Geldbedarf in Deutschland und in den Goldwährungsländern dazu führen werden, daß die deutsche Valuta steigen wird. Ein Beispiel dafür bietet die Gestaltung der österreichischen Valuta in den Jahren 1888 bis 1891.

Um den Geldwert dem Ausland gegenüber zu stabilisieren, genügt es nicht, die Geldwertgestaltung von staatlicher Einwirkung zu befreien. Man muß sich bestreben, zwischen dem Weltgelde und dem deutschen Gelde eine Beziehung herzustellen, die den Wert der Reichsmark fest an den Goldwert bindet.

Mit besonderem Nachdrucke aber muß hervorgehoben werden, daß die Stabilisierung des Geldwertes nur erreicht werden kann, wenn man die Notenpresse still legt. Jeder Versuch, es anders zu machen, ist vergebens. Es ist nutzlos, auf dem Devisenmarkte zu intervenieren. Wenn sich die deutsche Regierung etwa durch eine Anleihe Dollar beschafft und sie gegen Papiermark verkauft, so übt sie damit zwar vorgehend einen Druck auf den Dollarkurs aus. Doch die Geldentwertung wird damit nur verlangsamt, nicht zum Stillstand gebracht, wenn die Notenpresse ihre Arbeit fortsetzt; ist der Interventionsfonds erschöpft, dann geht die Entwertung wieder rascher vor sich. Hat aber die Notenvermehrung wirklich aufgehört, dann braucht es keiner Intervention, um die Mark zu stabilisieren.

Man pflegt darauf hinzuweisen, daß Notenvermehrung und Geldentwertung zeitlich nicht ganz zusammenfallen. Oft bleibt der Geldwert Wochen und selbst Monate hindurch nahezu stabil, während die Notenmenge ständig wächst. Dann wieder steigen Valutenkurse und Warenpreise rasch an, trotzdem die Notenvermehrung nicht rascher fortgeht oder selbst verlangsamt wurde. Das ist durch markttechnische Momente zu erklären. Der Spekulation wohnt die Tendenz inne, jede Bewegung zu übertreiben. Die Mitläufer verstärken die von den Wenigen, die sich ein selbständiges Urteil zutrauen, eingeleitete Aktion und führen sie zu weit, so daß zunächst ein Rückschlag oder zumindest ein Stillstand eintreten muß. Dazu kommt, daß Unkenntnis der Grundlagen der Geldwertgestaltung eine Gegenbewegung auf dem Markte auslöst. Der Spekulant hat die Routine, die sein Rüstzeug ausmacht, in der Aktien- und Fondsspekulation erworben; was er dort gelernt hat, sucht er nun auf die Valutenspekulation zu übertragen. Er hat erfahren, daß Aktien, die sehr tief im Kurse gesunken sind, meist günstige Chancen bieten, und glaubt darum, daß es bei Valuten ähnlich sein müsse. Er bewertet die Valuta als Aktie des Staates. Als die deutsche Mark in Zürich 10 Fr. notierte, sagte ein Bankier: „Jetzt ist es an der Zeit, Mark zu kaufen. Die deutsche Volkswirtschaft ist heute zwar ärmer als vor dem Kriege, so daß eine niedrigere Bewertung der Mark gerechtfertigt ist. Doch das deutsche Volksvermögen ist gewiß nicht auf den zwölften Teil des Vorkriegsvermögens gesunken; die Mark muß also noch steigen." Und als die polnische Mark in Zürich auf 5 Fr. gesunken war, sagte ein anderer Bankier: „Dieser tiefe Stand ist mir unerklärlich. Polen ist ein reiches Land; es hat eine blühende Landwirtschaft, es hat Holz, Kohle, Mineralöl; da müßte die Valuta doch ungleich höher stehen¹)." Diese Beurteiler verkennen, daß die Bewertung der Geldeinheit nicht vom Reichtum des Landes abhängt, sondern von dem Verhältnis zwischen Geldmenge und Geldbedarf, so daß auch das reichste Land eine schlechte und das ärmste Land eine gute Valuta haben kann. Doch mag die Theorie dieser Bankiers auch falsch sein, und muß sie schließlich denen, die sie zur Richtschnur ihres Verhaltens nehmen, auch Verluste bringen, vorübergehend kann sie den Niedergang der Valuta verlangsamen oder gar aufhalten.

III. Die Rückkehr zum Golde.

In den Jahren, die dem Kriege vorangingen, und in den vier Kriegsjahren haben die Schriftsteller, die dem heutigen Währungschaos den Weg bereiteten, für die Loslösung der Währung vom Golde geeifert. So wurde auch empfohlen, an Stelle einer unmittelbar auf dem Golde gegründeten Währung eine Währung zu schaffen, die nur ein festes Austauschverhältnis gegenüber dem ausländischen Gelde verbürge. Soweit diese Vorschläge darauf abzielten, dem Staate die Verfügung über die Geldwertgestaltung zu übertragen, brauchen wir sie nicht näher zu erörtern. Die Verwendung des Sachgeldes hat ja gerade den Zweck, politische Einflüsse von der Mitwirkung bei der Geldwertgestaltung auszuschließen. Das Gold ist nicht um seines Glanzes oder um anderer physikalischer und chemischer Eigenschaften willen Währungsgeld, sondern weil Vermehrung und Verminderung seiner Menge von den Befehlen der politischen Mächte unabhängig sind. Es ist die entscheidende Funktion der Goldwährung, daß sie die Geldmengenveränderungen unter das Gesetz der Rentabilität der Goldgewinnung stellt.

Man könnte anstatt der Goldwährung eine an eine ausländische Währung angelehnte Währung einführen. Die Mark stünde dann nicht zum Golde, sondern zu einem bestimmten ausländischen Gelde in einem festen Wert- und Austauschverhältnis; die Reichsbank würde zu einem festen Kurse Mark gegen das betreffende ausländische Geld in un-

---

¹) Ein Führer der ungarischen Sowjetrepublik sagte mir im Frühjahr 1919: „Das von der ungarischen Sowjetrepublik ausgegebene Papiergeld müßte eigentlich, nächst dem russischen Gelde, den höchsten Kurs haben; denn der ungarische Staat ist durch die Vergesellschaftung des Privateigentums aller Ungarn nächst Rußland zum reichsten und mithin auch zum kreditwürdigsten Staat der Welt geworden."

begrenzten Mengen jederzeit kaufen und verkaufen. Wird als Grundlage eines derartigen Systems nicht eine geordnete Goldwährung gewählt, dann werden geradezu unhaltbare Zustände geschaffen. Die Kaufkraft des deutschen Geldes hängt dann von den Schwankungen jenes ausländischen Geldes ab; die deutsche Politik hat sich ihres Einflusses auf die Geldwertgestaltung zugunsten der Politik einer ausländischen Regierung begeben. Doch auch wenn die zur Grundlage des deutschen Geldwesens gewählte ausländische Währung im Augenblick eine wohleingerichtete Goldwährung ist, ist es nicht ganz ausgeschlossen, daß sie einmal in späterer Zeit vom Golde losgelöst wird. Nichts spricht dafür, diesen Umweg zu wählen, um zu geordneten Währungsverhältnissen zu gelangen. Es ist nicht wahr, daß man sich durch die Annahme der Goldwährung in wirtschaftliche Abhängigkeit von England, von den Goldproduzenten oder sonst von irgendeiner Macht begibt. Im Gegenteil, eher verdient die an das Geldwesen eines ausländischen Staates angelehnte Währung den Namen einer „Vasallenwährung"[1]).

Die Behauptung, daß nicht genug Gold vorhanden sei, um in allen Ländern der Erde die Goldwährung zu ermöglichen, ist unhaltbar. Es kann nie zuviel oder zu wenig Gold für den Gelddienst geben. Die Preisgestaltung sorgt dafür, daß Vorrat und Bedarf sich decken. Es ist aber auch nicht zu befürchten, daß durch die Rückkehr der Länder mit entwerteter Valuta zur Goldwährung das allgemeine Preisniveau allzu stark gedrückt werden könnte. Die Goldvorräte der Erde haben seit 1914 nicht ab-, sondern zugenommen; der Goldbedarf dürfte infolge des Rückganges des Handels und der allgemeinen Verarmung auch nach vollständiger Rückkehr zur Goldwährung eher kleiner sein als vor 1914. Übrigens bedeutet Rückkehr zur Goldwährung durchaus nicht Rückkehr zum Gebrauche effektiven Goldgeldes für inländische Zahlungen mittleren und kleineren Umfanges. Auch die Goldkernwährung — der gold exchange standard nach den von Ricardo 1816 in seiner Schrift Proposals for an Economical and Secure Currency entwickelten Ideen — ist echte und gute Goldwährung; die Währungsgeschichte der letzten Jahrzehnte hat es klar gezeigt.

Die Basierung des deutschen Geldwesens auf einer ausländischen Geldart anstatt auf dem Metalle Gold hätte nur einen Sinn: sie könnte den inflationistischen Schriftstellern und Politikern die Umkehr er-

---

[1]) Vgl. Schaefer, Klassische Valutastabilisierungen, Hamburg 1922, S. 65.

leichtern, indem sie das wahre Wesen der Reform verschleiert. Doch die erste Voraussetzung einer jeden wirksamen Reform ist eben die vollständige Überwindung aller jener Lehren vom Chartalismus, von klassischer Geldschöpfung, von Entthronung des Goldes und vom Freigelde. Jede Unklarheit und Halbheit wäre hier von Schaden. Man muß die Inflationisten jeder Richtung offen niederkämpfen; man darf sich nicht damit begnügen, mit ihnen Kompromisse zu schließen. An die Stelle des Schlagwortes „Los vom Golde" muß die Losung treten: „Los von der staatlichen Beeinflussung des Geldwertes".

IV. Die Relation.

Wenn es auch heute von keinem Vernünftigen mehr bestritten werden kann, daß an eine Hebung des Kurses der Papiermark bis zur Höhe des alten Goldwertes der Mark, wie er durch das Gesetz vom 4. Dezember 1871 und durch das Münzgesetz vom 9. Juli 1873 festgesetzt wurde, nicht zu denken ist, so sträubt sich doch noch mancher gegen den Vorschlag, den augenblicklichen niedrigen Kurs zu stabilisieren. Es sind vielfach ganz unklare Prestigerücksichten, die da ins Treffen geführt werden. Man hat sich, in unzutreffenden Vorstellungen über die Ursachen der Geldentwertung befangen, daran gewöhnt, in der „Valuta" so etwas wie die Aktie des Vaterlandes und des Staates zu erblicken. Man verkennt, daß auf den Geldwert lediglich die Verschiebungen im Verhältnis von Geldnachfrage und Geldangebot und die Meinung über die künftige Gestaltung der Währungspolitik einwirken, und glaubt, daß in einem niedrigen Markkurse eine ungünstige Beurteilung der politischen und wirtschaftlichen Lage des deutschen Volkes zum Ausdrucke gelange.

Im Laufe des Krieges ist behauptet worden, die „Valuta des Siegers" sei schließlich die beste. Doch Sieg und Niederlage im Felde können die Geldwertgestaltung nur mittelbar beeinflussen. Von einem siegreichen Staate ist im allgemeinen zu erwarten, daß er eher dazu gelangen werde, auf die Inanspruchnahme der Notenpresse zu verzichten; es werde ihm leichter fallen, auf der einen Seite seine Ausgaben einzuschränken, auf der anderen Seite Kredit zu finden. Dieselben Gesichtspunkte sprechen aber auch für eine günstigere Bewertung der Valuta des Besiegten in dem Maße, in dem die Friedensaussichten wachsen. Im Oktober 1918 stieg die Mark und auch die Krone; man dachte, daß man nun mit Eindämmung der Inflation auch in Deutschland und Österreich rechnen könne, eine Erwartung, die sich freilich nicht erfüllt hat. Die Geschichte zeigt, daß die „Valuta des Siegers" auch sehr schlecht werden kann. Selten hat es glänzendere Siege gegeben als die, die die amerikanischen Insurgenten unter Washingtons Führung schließlich über die Truppen Englands erfochten. Die amerikanische Währung hatte davon keinen Nutzen. Je stolzer sich das Sternenbanner hob, desto tiefer sank der Kurs des Kontinentalgeldes, wie das von den revolutionären Staaten ausgegebene Papiergeld benannt wurde. Schließlich wurde es, gerade als der Sieg der Rebellen entschieden war, ganz wertlos. Nicht anders war es nicht lange später in Frankreich. Trotz der Siege, die die Revolutionsheere erstritten, stieg das Metallagio immer mehr, bis schließlich 1796 der Nullpunkt des Geldwertes erreicht war. In beiden Fällen hatte der siegreiche Staat die Inflation bis an die Spitze getrieben.

Es ist durchaus unzutreffend, in der „Devalvation" einen „Staatsbankerott" zu erblicken. Die Stabilisierung des augenblicklichen — niedrigen — Standes des Geldwertes ist, auch wenn man sie lediglich in Hinsicht auf ihre Wirkungen auf die bestehenden Schuldverhältnisse betrachtet, etwas anderes; sie ist zugleich mehr und weniger als Staatsbankerott. Sie ist mehr, insofern sie nicht nur die öffentlichen Schulden, sondern auch alle Privatschulden trifft; sie ist weniger, einmal insofern sie auf der einen Seite auch die auf Papiergeld lautenden Forderungen des Staates trifft, auf der anderen Seite aber seine auf klingende Münze oder fremde Währung lautenden Verpflichtungen nicht berührt, dann aber, weil sie für alle jene Schuldverhältnisse, die in Papiergeld schon zur Zeit des gegenwärtigen Kursstandes eingegangen wurden, ohne daß die Parteien auf eine Hebung des Geldwertes gerechnet hätten, keine Verschiebung des Verhältnisses der Kontrahenten mit sich bringt. Will man die Besitzer von Markforderungen für die Nachteile, die sie zwischen 1914 und 1923 erlitten haben, entschädigen, dann muß man es auf andere Weise tun als durch Hebung des Markkurses; man müßte durch Gesetz die in dieser Zeit entstandenen Schuldverhältnisse nach der im Augenblicke ihrer Entstehung in Kraft gewesenen Bewertung in auf alte Goldmark lautende Verpflichtungen umwandeln. Ob man damit den gewünschten Erfolg erzielen kann, ist wohl zu bezweifeln. Denn die gegenwärtigen Inhaber der Forderungen sind nicht immer dieselben, die den Verlust getragen haben; der größte Teil der durch

Inhaberpapiere verkörperten Forderungen und ein sehr beträchtlicher Teil aller übrigen Forderungen hat im Laufe der Jahre den Inhaber gewechselt. Bei Kontokorrentverhältnissen aber legt schon die handelstechnische und juristische Struktur des Geschäftes der Bestimmung der im Laufe der Jahre eingetretenen Währungsgewinne und -Verluste die größten Schwierigkeiten in den Weg.

Die allgemein volkswirtschaftlichen und besonders die handelspolitischen Begleiterscheinungen einer jeden Veränderung des inneren objektiven Tauschwertes des Geldes, also auch eines Steigens der Kaufkraft des Geldes, sprechen gegen Versuche, den Geldwert vor der Stabilisierung erst noch zu heben. Der augenblickliche Stand des Geldwertes soll stabilisiert werden.

Solange der Prozeß der Geldentwertung noch im Gange ist, ist es freilich unmöglich, vom „Stande" des Geldwertes zu sprechen. Denn die Veränderungen des Geldwertes vollziehen sich nicht mit einem Schlage und gleichmäßig in der ganzen Volkswirtschaft und allen Waren und Dienstleistungen gegenüber; sie setzen sich notwendigerweise nur schrittweise und ungleichmäßig durch. Bekannt ist die Divergenz, die zwischen der in den Kursen der fremden Geldsorten zum Ausdruck gelangenden Bewertung des Geldes und zwischen seiner Kaufkraft auf den inländischen Waren- und Arbeitsmärkten kürzere oder selbst längere Zeit hindurch zu bestehen vermag. Der Valutenkurs der Börsen entsteht als Spekulationskurs immer schon unter Berücksichtigung der eben im Gange befindlichen, doch noch nicht abgeschlossenen Kaufkraftveränderung. Im Valutenkurs gelangt die Geldentwertung schon in einem frühen Stadium ihrer allmählichen Entwicklung voll zum Ausdruck, jedenfalls noch, bevor sie sich allen Waren und Dienstleistungen gegenüber ganz durchgesetzt hat. Doch bei diesem Zurückbleiben der Warenpreise hinter dem Steigen der Valutenkurse handelt es sich um eine Erscheinung von zeitlich begrenzter Dauer. Denn die Valutenkurse werden in letzter Linie durch nichts anderes bestimmt als durch die Kaufkraft, die der Einheit einer jeden Geldart zukommt; der Kurs muß sich in der Höhe festsetzen, daß die Kaufkraft die gleiche bleibt, gleichviel, ob man mit einem Geldstück direkt Waren einkauft oder ob man erst ein Geldstück einer anderen Valuta dafür erwirbt und dann mit diesem einkauft. Auf die Dauer kann sich der Kurs von dem Stande, den das Verhältnis der Kaufkraft bedingt und den man den natürlichen oder statischen Kurs nennen kann, nicht entfernen.

Um den augenblicklichen Stand des Geldwertes stabilisieren zu können, muß man es zuerst dazu bringen, daß die Geldwertbewegung zum Stillstande kommt; erst muß der Geldwert stehen, dann erst kann man seinem Stand Dauer geben. Man wird, wie schon oben ausgeführt wurde, zunächst durch Einstellung der weiteren Notenvermehrung dem Fortschreiten der Inflation einen Damm setzen müssen. Dann muß eine geraume Zeit zugewartet werden, bis sich, nach einigen Schwankungen, die Valutenkurse und die Warenpreise angepaßt haben. Wie ebenfalls schon aus dem oben Dargelegten hervorgeht, dürfte dies nicht einfach durch Steigen der Warenpreise, sondern zum Teil auch durch Sinken der Valutenkurse erfolgen.

V. Die Bedenken der Anhänger der „Zahlungsbilanztheorie".

Die landläufige Auffassung glaubt, daß die Herstellung geordneter Währungsverhältnisse nur bei „aktiver Zahlungsbilanz" möglich sei. Ein Land mit „passiver Zahlungsbilanz" könne den Geldwert auf die Dauer nicht stabilisieren, die Verschlechterung der Valuta sei hier organisch begründet und könnte wirksam nicht anders bekämpft werden als durch Behebung der organischen Mängel.

Die Zurückweisung dieser und verwandter Einwendungen ist in der Lehre der Quantitätstheorie und im Greshamschen Gesetz bereits enthalten. Die Quantitätstheorie zeigt, daß in einem Lande, in dem nur Sachgeld gebraucht wird (die purely metallic currency der Currency-Theorie), das Geld niemals ins Ausland auf die Dauer abströmen kann. Die Beengung auf dem Inlandsmarkte, die durch das Abfließen eines Teiles der Geldmenge hervorgerufen wird, ermäßigt die Warenpreise, dämmt damit die Einfuhr ein und fördert die Ausfuhr, bis die inländische Wirtschaft wieder mit Geld gesättigt ist. Die den Gelddienst versehenden Edelmetalle verteilen sich auf die einzelnen Individualwirtschaften und mithin auch auf die einzelnen Volkswirtschaften nach Maßgabe der Größe und der Intensität ihres Geldbedarfes. Staatliche Eingriffe, die durch Regulierung der internationalen Geldbewegungen der Volkswirtschaft die benötigten Geldmengen sichern wollen, sind überflüssig. Das unerwünschte Abfließen des Geldes kann immer nur die Folge einer staatlichen Intervention sein, die verschieden bewertetes Geld mit der gleichen gesetzlichen Zahlkraft ausstattet. Alles, was der Staat zu tun hat und tun kann, um die Ordnung des Geldwesens nicht zu zerstören, ist die Unterlassung solcher Eingriffe. Das ist der Kern der Geldtheorie der klassischen Nationalökonomie und ihrer unmittelbaren Nachfolger, der Currency-Theoretiker[1]). Man konnte diese Lehre durch die moderne subjektivistische Theorie vertiefen und ausgestalten, doch man konnte sie nicht umstoßen und nichts anderes an ihre Stelle setzen. Die sie vergessen konnten, zeigen nur, daß sie nicht nationalökonomisch denken können.

Wenn in einem Lande das Sachgeld durch Kredit- oder durch Zeichengeld ersetzt wurde, weil die durch das Gesetz verfügte Gleichsetzung des in Übermaß ausgegebenen Papiers und des Metallgeldes den Mechanismus, den das Greshamsche Gesetz beschreibt, ausgelöst hat, soll, wird vielfach behauptet, die Zahlungsbilanz die Valutenkurse bestimmen. Auch das ist durchaus unzutreffend. Die Valutenkurse sind durch die Kaufkraft, die der Einheit einer jeden Geldart zukommt, gegeben; der Kurs muß sich, wie schon gesagt wurde, in der Höhe festsetzen, daß es keinen Unterschied ausmacht, ob man mit einem Geldstück unmittelbar Waren kauft oder ob man dafür erst ein Geldstück einer anderen Valuta erwirbt und dann mit diesem einkauft. Wollte sich der Kurs von dem Stande, den das Verhältnis der Kaufkraft bedingt und den wir den natürlichen oder statischen Kurs nennen, entfernen, dann ergäbe sich die Möglichkeit, gewinnbringende Geschäfte durchzuführen. Es würde lukrativ werden, mit jedem Gelde, das im Kurse gegenüber dem Verhältnis, das sich aus seiner Kaufkraft ergibt, unterwertet erscheint, Waren einzukaufen und sie gegen jenes Geld, das im Kurse seiner Kaufkraft gegenüber überwertet ist, zu verkaufen. Und weil sich solche Gewinnmöglichkeiten bieten, würden auf dem Valutenmarkte Käufer auftreten, die für das im Kurse unterwertete Geld eine Nachfrage entfalten, die den Kurs so lange in die Höhe treibt, bis er seinen statischen Stand erreicht hat[2]). Die Valutenkurse steigen, weil die Geldmenge vermehrt wurde und die Warenpreise gestiegen sind. Es ist, wie schon ausgeführt wurde, nur der Technik des Marktes zuzuschreiben, daß dieses ursächliche Verhältnis nicht auch in der zeitlichen Aufeinanderfolge der Ereignisse zum Ausdruck gelangt. Die Gestaltung

---

[1]) Vgl. meine „Theorie des Geldes und der Umlaufsmittel", München und Leipzig 1912, S. 203 ff.

[2]) Vgl. meine Abhandlung „Zahlungsbilanz und Valutenkurse", Mitteilungen des Verbandes österr. Banken und Bankiers, II., 1919, S. 39 ff.

der Valutenkurse auf der Börse nimmt eben unter dem Einfluß der Spekulation die erwarteten Veränderungen der Warenpreise vorweg.

Die Zahlungsbilanztheorie übersieht, daß der Umfang des Außenhandels ganz und gar von den Preisen abhängt, daß weder ein- noch ausgeführt werden kann, wenn keine Preisunterschiede bestehen, die den Handel gewinnbringend machen. Sie haftet an der Oberfläche der Erscheinungen. Wer nur das beachtet, was täglich und stündlich an der Börse vorgeht, kann, das soll nicht bezweifelt werden, nichts anderes sehen, als daß der jeweilige Stand der Zahlungsbilanz für Angebot und Nachfrage auf dem Valutenmarkt maßgebend ist. Doch mit dieser Feststellung ist die Untersuchung der Bestimmungsgründe der Valutenkurse erst eingeleitet; sie muß sich nun fragen, was den jeweiligen Stand der Zahlungsbilanz bestimmt. Und da kann sie zu keinem anderen Ergebnis kommen als zu dem, daß die Preisgestaltung und die durch die Preisdifferenzen ausgelösten Käufe und Verkäufe erst die Zahlungsbilanz ausmachen. Die ausländischen Waren können bei steigenden Valutenkursen nur eingeführt werden, wenn sie trotz ihres hohen Preises Käufer finden. Eine Spielart der Zahlungsbilanztheorie will zwischen der Einfuhr lebenswichtiger und der entbehrlicher Artikel unterscheiden. Lebenswichtige Artikel müßten um jeden Preis bezogen werden, weil man sie schlechterdings nicht entbehren könne. Daher müsse sich die Valuta eines Landes, das auf die Einfuhr lebenswichtiger Waren aus dem Ausland angewiesen sei, selbst aber nur minderwichtige Waren auszuführen vermöge, fortgesetzt verschlechtern. Man vergißt dabei, daß die größere oder geringere Lebenswichtigkeit oder Entbehrlichkeit der einzelnen Güter bereits in der Intensität und in dem Umfange der nach ihnen auf den Märkten entwickelten Nachfrage und somit in der Höhe der für sie bewilligten Geldpreise restlos zum Ausdruck gelangt. Wenn die Österreicher noch so starkes Verlangen nach ausländischem Brot, Fleisch, Kohle oder Zucker haben, so können sie es nur beziehen, wenn sie dafür bezahlen können. Wenn sie mehr einführen wollen, müssen sie mehr ausführen; wenn sie nicht Fabrikate und Halbfabrikate ausführen können, müssen sie Aktien, Schuldverschreibungen und Besitztitel verschiedener Art ausführen. Wenn man den Notenumlauf nicht vermehren würde, dann müßten die Preise dieser zum Verkauf ausgebotenen Objekte sinken, wenn die Nachfrage nach den Importgütern und damit ihre Preise steigen sollen. Oder aber es müßte der Aufwärtsbewegung der Preise der lebenswichtigen Artikel ein Niedergang der Preise der entbehrlicheren Artikel, deren Ankauf zugunsten des Ankaufs jener eingeschränkt wird, gegenüberstehen. Von einer allgemeinen Preissteigerung könnte dann nicht die Rede sein. Und die Zahlungsbilanz würde, entweder durch Effektenausfuhr u. dgl. oder durch Mehrausfuhr von entbehrlichen Gütern, ins Gleichgewicht kommen. Nur weil diese Voraussetzung nicht zutrifft, nur weil die Menge der umlaufenden Noten vermehrt wird, können trotz des Steigens der Devisenkurse die ausländischen Waren noch immer eingeführt werden; nur weil diese Voraussetzung nicht zutrifft, drosselt das Steigen der Devisenkurse nicht ganz die Einfuhr und fördert es nicht die Ausfuhr, bis die Zahlungsbilanz wieder aktiv wird[1]).

Es bedarf wohl auch keines Beweises, daß die Spekulation an der Verschlechterung der Devisenkurse keine Schuld trägt. Der Devisenspekulant sucht die voraussichtlichen Bewegungen der Kurse vorwegzunehmen. Er kann dabei auch fehl gehen; dann muß er den Fehler, den er gemacht hat, auch büßen. Niemals aber können die Spekulanten auf die Dauer einen Kurs festhalten, der den Verhältnissen des Marktes nicht entspricht. Das wissen die Regierungen und die Politiker, die der Spekulation die Schuld an der Währungsverschlechterung zuschreiben, recht wohl. Wären sie anderer Meinung über die künftige Entwicklung der Valuta, dann könnten sie für Rechnung des Staates der Haussespekulation als Kontermineure entgegentreten und mit einem Schlage nicht nur die Devisenkurse ermäßigen, sondern auch noch für die Staatskasse einen schönen Gewinn erzielen.

Die alten merkantilistischen Irrtümer malen ein Gespenst an die Wand, vor dem wir uns nicht fürchten sollten. Kein Volk, auch nicht das ärmste, muß auf geordnete Währungsverhältnisse verzichten. Nicht die Armut des einzelnen und der Gesamtheit, nicht die Verschuldung an das Ausland, nicht die Ungunst der Produktionsbedingungen treibt die Valutenkurse in die Höhe, sondern die Inflation.

Darum sind auch alle Mittel, die zur Bekämpfung der Devisenhausse angewendet werden, wirkungslos. Wenn die Inflation fortgeht, bleiben sie ohne Erfolg; wenn es keine Inflation gibt, sind sie überflüssig. Das wichtigste dieser Mittel ist das Verbot oder die Einschränkung der Einfuhr bestimmter Güter, die man für entbehrlich

---

[1]) Aus der großen Literatur will ich hier nur nennen: Gregory, Foreign Exchange before, during and after the War, London 1921.

oder doch für weniger unentbehrlich hält. Die Beträge inländischen Geldes, die für den Ankauf dieser Waren aufgewendet worden wären, werden nun für andere Käufe verwendet werden; es werden dabei natürlich keine anderen Güter in Betracht kommen als solche, die sonst ins Ausland verkauft worden wären. Die werden nun zu höheren Preisen, als jene sind, die das Ausland dafür bietet, von Inländern gekauft. Es steht somit dem Rückgange der Einfuhr und damit der Nachfrage nach Devisen auf der anderen Seite ein gleich großer Rückgang der Ausfuhr und damit des Angebotes an Devisen gegenüber. Die Einfuhr wird eben durch die Einfuhr bezahlt, und nicht durch Geld, wie neomerkantilistischer Dilettantismus noch immer glaubt. Will man die Nachfrage nach Devisen wirklich eindämmen, dann muß man den Betrag, um den man die Einfuhr vermindern will, den Inländern — etwa durch Steuern — wirklich fortnehmen und gänzlich aus dem Verkehr ziehen, ihn also auch nicht für Staatszwecke ausgeben, vielmehr vernichten. Das heißt, man muß Deflationspolitik treiben. Statt die Einfuhr von Schokolade, Wein und Zigaretten einzuschränken, muß man den Leuten jene Beträge abnehmen, die sie für diese Waren bezahlen würden. Dann müssen sie entweder den Verbrauch dieser oder den irgendwelcher anderer Waren einschränken. In jenem Falle werden weniger Devisen gesucht, in diesem mehr Devisen angeboten werden als früher.

Das Verbot des Valutenhamsterns ist ebenso wenig imstande, den Devisenmarkt zu beeinflussen. Wenn die Bevölkerung Mißtrauen in die Wertbeständigkeit der Noten hegt, dann sucht sie einen Teil ihres Kassenbestandes in fremdem Gelde anzulegen. Macht man ihr dies unmöglich, dann werden die Leute entweder weniger Waren und Aktien verkaufen oder mehr Waren und Aktien u. dgl. kaufen; sie werden aber gewiß nicht mehr Noten statt der Valuten thesaurieren. In jedem Falle wird durch dieses Verhalten die Ausfuhrsumme verringert. Die Nachfrage nach Devisen für Thesaurierungszwecke verschwindet; doch gleichzeitig sinkt auch das Angebot an Devisen, die als Gegenwert der Ausfuhr ins Land kommen. Nur nebenbei sei bemerkt, daß die Erschwerung des Valutenthesaurierens die Ansammlung eines Reservefonds verzögert, der dem Verkehr über die kritische Zeit, die unmittelbar auf den Zusammenbruch der Währung folgt, hinweghelfen könnte. Es könnte sein, daß diese Politik einst noch schwere Nachteile auslösen wird.

Ganz unverständlich ist es, wie man auf den Gedanken kommen konnte, daß die Erschwerung der Ausfuhr der eigenen Noten geeignet sei, den Kurs der Devisen zu ermäßigen. Wenn weniger Noten aus dem Lande gehen, dann müssen mehr Waren ausgeführt oder weniger eingeführt werden. Der Kurs der Noten auf den ausländischen Börsen ist nicht von der größeren oder geringeren im Ausland befindlichen Menge abhängig, sondern von den Warenpreisen. Daß die ausländischen Spekulanten die Noten aufkaufen und ansammeln, mithin Haussespekulation treiben, ist nur geeignet, ihren Kurs zu erhöhen. Wären diese von den fremden Spekulanten zurückgehaltenen Beträge im Inlande verblieben, dann hätten sie die Warenpreise und damit den statischen Valutenkurs noch mehr in die Höhe getrieben.

Devisenverordnungen und Devisenzentralen können die Verschlechterung der Valuta nicht aufhalten, wenn die Inflation fortgeht.

VI. Das Argument des Inflationismus.

Nun aber hören wir den Einwand: Geordnete Währungsverhältnisse seien zwar zweifellos anstrebenswert, doch es gebe höhere und wichtigere Ziele der Wirtschaftspolitik. Die Inflation möge ein großes Übel sein, aber sie sei nicht das größte Übel. Wenn es gelte, das Vaterland gegen Feinde zu verteidigen oder Hungernde zu ernähren und vor dem Verderben zu bewahren, so möge die Währung immerhin zugrunde gehen. Und wenn das deutsche Volk eine ungeheuere Kriegsentschädigung zu entrichten habe, so könne es sich nicht anders helfen als durch die Inflation.

Das ist ein Gedankengang, der von dem alten inflationistischen Argument, das die volkswirtschaftlichen Folgen fortschreitender Geldentwertung günstig beurteilt und die Inflation als anstrebenswertes Ziel der Politik bezeichnet, wohl zu unterscheiden ist. Ihm gilt die Inflation — unter gegebenen Umständen — als das kleinere Übel, doch immerhin als ein Übel. Ihm erscheint die Geldentwertung auch nicht wie den Anhängern der Zahlungsbilanztheorie als ein notwendiges Ergebnis einer bestimmten Gestaltung der wirtschaftlichen Verhältnisse. Die Verfechter dieses bedingten Inflationismus geben, wenn auch nicht offen, in ihrer Argumentation zu, daß die Papierinflation und damit die durch sie bewirkte Geldentwertung immer ein Erzeugnis der inflationistischen Politik sei. Sie glauben jedoch, daß ein

Staat in Lagen geraten könne, in denen es vorteilhafter sei, größeren Übeln durch das kleinere Übel der Inflation entgegenzutreten.

Man pflegt das Argument des bedingten Inflationismus mitunter auch in der Weise vorzutragen, daß man die Inflation als eine unter bestimmten Voraussetzungen angezeigte Art der Besteuerung erklärt. Es sei unter Umständen vorteilhafter, die Bedeckung des Staatsaufwandes durch Neuausgabe von Noten vorzunehmen, statt die Steuerlast zu erhöhen oder Anleihen aufzunehmen. So hat man während des Krieges argumentiert, als es galt, den Aufwand für Armee und Flotte zu bestreiten; so argumentiert man heute, da es gilt, einem Teile der Bevölkerung billige Nahrungsmittel zu liefern, die Betriebsabgänge der öffentlichen Unternehmungen (Eisenbahnen u. s. f.) zu decken und die Reparationszahlungen zu bewerkstelligen. Man nimmt die Inflation zu Hilfe, wo man nicht zur Erhebung von Steuern schreiten will und Anleihen nicht aufzunehmen vermag; das ist die Wahrheit. Und es gilt nun zu untersuchen, warum man von den beiden sonst üblichen Mitteln der Beschaffung von Geld für die Staatswirtschaft nicht Gebrauch machen kann oder will.

Man kann hohe Steuern nur dann erheben, wenn die Steuerträger mit dem Zwecke, für den die aufgebrachten Mittel verwendet werden sollen, einverstanden sind. Dabei ist zu beachten, daß es, je höher die Gesamtsteuerlast wird, desto schwieriger wird, die öffentliche Meinung darüber zu täuschen, daß es nicht möglich ist, die Steuern allein durch die dünne Oberschicht der Bevölkerung tragen zu lassen. Auch die Besteuerung der Reichen und des Besitzes wirkt sich in der ganzen Volkswirtschaft aus, und ihre mittelbaren Folgen für die minderbemittelten Schichten sind oft empfindlicher als die einer unmittelbar gleichmäßig angelegten Besteuerung. Diese Zusammenhänge mögen bei niedrigeren Steuersätzen vielleicht schwerer zu erkennen sein; bei höheren lassen sie sich kaum übersehen. Es kann übrigens keinem Zweifel unterliegen, daß man das System der vorwiegenden „Besteuerung des Besitzes" kaum noch weiter treiben kann, als in den Staaten, in denen Inflationismus herrscht, heute schon geschehen ist, und daß man sich mithin entschließen müßte, die weiten Massen unmittelbar zur Leistung von Abgaben heranzuziehen. Das aber kann eine Politik nicht wagen, die der Zustimmung der Massen nur solange sicher ist, als sie ihnen keine sichtbaren Opfer auferlegt.

Wer zweifelt daran, daß die kriegführenden Völker Europas viel schneller kriegsmüde geworden wären, wenn ihnen von ihren Regierungen die Rechnung über die Kriegsauslagen ohne Verzug klar und offen vorgelegt worden wäre? In keinem Lande Europas konnte es die Kriegspartei wagen, den Massen Steuern zur Bestreitung der Kriegskosten in beträchtlichem Umfange aufzuerlegen. Selbst in England wurde die Notenpresse in Bewegung gesetzt. Die Inflation hatte den großen Vorzug, daß sie einen Schein von wirtschaftlichem Wohlergehen und von Reichtumsvermehrung hervorrief, daß sie die Geldrechnung verfälschte und dadurch die Kapitalsaufzehrung verschleierte. Die Inflation ließ die Scheingewinne der Unternehmer und der Kapitalisten aufkommen, die man als Einkommen mit besonders hohen Steuern belegen konnte, ohne daß die Menge — vielfach selbst die Steuerzahler — es merkten, daß hier Kapitalteile fortgesteuert wurden. Die Inflation ermöglichte es, die Volkswut auf die „Kriegsgewinnler, Schieber und Spekulanten" zu lenken. So erwies sie sich als vortreffliches psychologisches Hilfsmittel der auf Zerstörung und Vernichtung gerichteten Kriegspolitik.

Was der Krieg begonnen hatte, setzt die Revolution fort. Der sozialistische oder halbsozialistische Staat braucht Geld, um passive Betriebe zu führen, um Arbeitslose zu unterstützen und um dem Volke billige Lebensmittel zu liefern. Auch er kann die Mittel nicht durch Steuern aufbringen. Er wagt es nicht, dem Volke die Wahrheit zu sagen. Das etatistisch-sozialistische Prinzip, die Bahnen als Staatsanstalt zu führen, würde schnell seine Volkstümlichkeit verlieren, wenn man etwa eine Spezialsteuer zur Deckung des Betriebsabganges der Staatsbahnen einheben wollte. Und die österreichischen Massen hätten schneller erkannt, woher die Mittel fließen, die das Brot verbilligten, wenn sie selbst durch eine Brotsteuer dafür hätten aufkommen müssen.

Für die deutsche Staatswirtschaft ist hier schlechthin das Entscheidende die im Vertrage von Versailles und in den ihn ergänzenden Abkommen übernommene Last der Reparationszahlungen. Die Jahresverpflichtung, die dem deutschen Volke damit auferlegt wurde, wird von Helfferich auf zwei Drittel des deutschen Volkseinkommens geschätzt[1]). Diese Annahme dürfte wohl zu hoch gegriffen sein; andere Schätzungen, besonders die von französischen Beurteilern gemachten, bleiben wieder zweifellos weit hinter dem tatsächlichen Verhältnis

---

[1]) Vgl. Helfferich, Die Politik der Erfüllung, München 1922, S. 22.

zurück. Jedenfalls steht fest, daß ein sehr beträchtlicher Teil des gegenwärtigen deutschen Volkseinkommens durch den dem Reiche auferlegten Tribut aufgezehrt wird, und daß die Lebenshaltung des deutschen Volkes tief herabgedrückt werden müßte, wenn man die in jedem Jahre abzustattende Summe aus dem Einkommen schöpfen will. Das kapitalistische Wirtschaftssystem, das sich auf deutschem Boden, wenn auch bis zu einem gewissen Grade durch die Reste des Feudalismus und der obrigkeitsstaatlichen Verfassung und durch das Aufkommen des Etatismus und des Sozialismus behindert, doch immerhin innerhalb nicht allzu eng gezogener Schranken entwickeln konnte, hat in den letzten Menschenaltern den deutschen Wohlstand vervielfacht. Die deutsche Volkswirtschaft konnte 1914 mehr als dreimal so viel Menschen ernähren und dabei doch jedem unvergleichlich mehr bieten als hundert Jahre vorher. Der Krieg und seine unmittelbaren Folgen haben die Lebenshaltung des deutschen Volkes bereits tief herabgedrückt. Der sozialistische Destruktionismus hat dieses Werk der Zerstörung fortgesetzt. Das deutsche Volk wäre heute viel, viel ärmer, als es vor dem Kriege war, auch wenn es keine Reparationszahlungen zu leisten hätte. Die Last dieser Verpflichtungen müßte seine Lebenshaltung auf den Stand der dreißiger und vierziger Jahre des vorigen Jahrhunderts zurückwerfen. Es ist zu hoffen, daß die Not der Zeit zu einer Überprüfung der sozialistischen Ideologie, die den deutschen Geist heute beherrscht, führen wird, daß es gelingen wird, die Hindernisse, die der Hebung der Produktivität heute entgegenstehen, zu beseitigen, und daß eine schrankenlose Entfaltung der im Kapitalismus — und nur in ihm — steckenden Entwicklungsmöglichkeiten den Ertrag der deutschen Arbeit vervielfältigen wird. Doch es gibt, wenn man die übernommene Verpflichtung aus dem Einkommen decken will, keine anderen Wege als die: weniger verzehren und mehr erzeugen.

Man kann freilich auch einen Teil der Last oder selbst die ganze durch Ausfuhr von Kapitalgütern abtragen. Dann müssen aus deutschem Besitz Aktien, Schuldverschreibungen[1]), Geschäftsanteile, Grundstücke, Häuser an Ausländer veräußert werden. Auch das schmälert das Volkseinkommen, wenn auch nicht für den Augenblick, so doch für die Zukunft.

Damit aber sind auch alle Wege gezeigt, auf denen die Abtragung der Reparationsverpflichtungen erfolgen kann. Man kann Waren aus-

---

[1]) Es fällt also auch die Aufnahme einer äußeren Anleihe hierher.

führen, die man sonst noch im Inland verbraucht hätte, oder Kapital. Welcher Weg der zweckmäßigere ist, das zu erörtern gehört nicht in die Aufgabe dieser Auseinandersetzungen. Uns kann nur die Frage beschäftigen, wie die Regierung vorgehen kann, um die Last der Zahlungen, die zunächst der Reichskasse obliegt, auf die einzelnen Staatsbürger abzuwälzen. Da sind drei Wege möglich: die Einhebung von Steuern, die Aufnahme einer inneren Anleihe und die Ausgabe von Papiergeld. Welchen von diesen drei Wegen man auch immer wählen mag, das Wesen der Leistung an das Ausland bleibt unberührt; sie entscheiden nur über die Verteilung der Last zwischen den Staatsbürgern. Werden die Mittel durch die Auflegung einer inneren Anleihe aufgebracht, dann müssen die Zeichner der Anteile entweder Kapitalbestandteile abstoßen oder ihren Verbrauch einschränken. Werden Steuern ausgeschrieben, dann müssen die Steuerzahler dasselbe tun. Die Mittel, die der Regierung aus Steuern oder Anleihen zufließen und die sie zum Ankauf von Gold oder Devisen und Valuten für die Erfüllung ihrer auswärtigen Verbindlichkeiten verwendet, beschaffen sich die Steuerzahler und die Zeichner der Anleihe durch Verkauf von Kapitalgütern und Waren an das Ausland; die Devisen, die aus diesen Verkäufen ins Land strömen, sind es, die für die Devisenkäufe der Regierung allein zur Verfügung stehen. Solange die Regierung aber keine anderen Mittel auszugeben vermag als die, die ihr aus Steuerzahlungen und Anleihebegebung zufließen, können ihre Devisenkäufe den Preis des Goldes und des fremden Geldes nicht in die Höhe treiben. Sie kann jeweils nur soviel Gold und Devisen kaufen, als die Staatsbürger durch Verkäufe erworben haben. Auch die Preise der Waren und der Dienstleistungen können nicht steigen; sie werden infolge des massenhaften Ausgebotes eher sinken.

Wenn aber und insoweit die Regierung den dritten Weg geht und, statt Steuern zu erheben und Anleihen aufzulegen, neue Noten ausgibt, um damit Gold und Devisen zu kaufen, dann treibt ihre Nachfrage, der zunächst noch kein entsprechendes Angebot gegenübersteht, den Preis der fremden Geldsorten in die Höhe. Nun wird es für das Ausland vorteilhaft, Mark zu erwerben, um in Deutschland Kapitalgüter und Waren zu Preisen, die noch nicht den neuen Verhältnissen entsprechen, einzukaufen; diese Käufe erst treiben die Preise in Deutschland in die Höhe und passen sie dem Weltmarktsniveau wieder an. Es ist also auch hier dasselbe: die Devisen, mit denen die Reparations=

verpflichtungen abgetragen werden, stammen aus Verkäufen von deutschem Kapital und deutschen Waren nach dem Ausland. Der Unterschied liegt nur darin, daß die Regierung Devisen kauft, mit deren Gegenwert der Ausländer erst in Deutschland einkaufen wird, statt daß sie Devisen erwirbt, die aus schon durchgeführten Verkäufen stammen.

Man ersieht daraus, daß die fortschreitende Entwertung der Mark nicht die Folge der Reparationszahlungen sein kann; sie ist lediglich die Folge der Tatsache, daß die Regierung sich die für die Zahlungen erforderlichen Mittel durch Neuausgabe von Noten beschafft. Diejenigen, die den Niedergang des Markkurses nicht auf die Inflation sondern auf die Reparationszahlungen zurückführen wollen, weisen darauf hin, daß das Ausbieten von Mark zum Zwecke des Ankaufs von Devisen durch die Regierung den Markkurs erschüttern mußte[1]). Doch wenn der Regierung für diese Devisenkäufe nur die Markbeträge zur Verfügung stünden, die ihr aus Steuern oder Anleihen zugeflossen sind, würde ihre Nachfrage das Angebot nicht übersteigen. Nur weil sie neugeschaffene Noten ausbietet, treibt sie die Devisenkurse in die Höhe.

Der deutschen Regierung steht allerdings ein anderer Weg zur Bedeckung der Reparationsschuld nicht offen. Wenn sie versuchen wollte, die erforderlichen Summen durch Anleihen oder durch Steuern aufzubringen, würde sie keinen Erfolg erzielen. Die Politik der Erfüllung könnte, wie die Dinge im deutschen Volke gegenwärtig liegen, nicht auf die Zustimmung der Mehrheit rechnen, wenn man um ihre wirtschaftlichen Folgen klar Bescheid wüßte und sich über ihre Kosten keiner Täuschung hingeben würde. Die öffentliche Meinung würde sich mit elementarer Gewalt gegen jede Regierung wenden, die es versuchen wollte, die den alliierten Mächten gegenüber übernommenen Verpflichtungen voll durchzuführen. Ob das kluge Politik sein mag oder nicht, das zu untersuchen ist hier nicht die Aufgabe. Und ebensowenig kann die Feststellung, daß der deutsche Währungsverfall nicht die unmittelbare Folge der Reparationsleistungen ist, sondern nur die Folge der Methoden, deren sich die deutsche Regierung bei der Aufbringung der

---

[1]) So Rathenau in der Rede vor dem Obersten Rat der Alliierten in Cannes vom 12. Januar 1922 und in der Reichstagsrede vom 29. März 1922 (vgl. Rathenau, Cannes und Genua, Vier Reden zum Reparationsproblem, Berlin 1922, S. 11 f., 34 f.).

Mittel für die Reparationszahlungen bedient, etwa den Sinn haben, den ihr französische und andere ausländische Politiker beilegen: daß es nämlich weltpolitisch richtig sei, dem deutschen Volke diese schwere Last aufzubürden. Und es hat das alles schon gar nichts mit der Frage zu tun, ob die Forderung der Alliierten im Hinblick auf die Waffenstillstandsbedingungen überhaupt und besonders in ihrer Höhe rechtlich begründet sei.

Für uns ist allein eine andere Erkenntnis von Wichtigkeit, da sie uns die politische Funktion der Inflationsmaßnahmen erklärt. Wir sahen, daß eine Regierung sich immer dann genötigt sieht, zu inflationistischen Maßnahmen zu greifen, wenn sie den Weg der Anleihebegebung nicht zu betreten vermag und den der Besteuerung nicht zu betreten wagt, weil sie fürchten muß, die Zustimmung zu dem von ihr befolgten System zu verlieren, wenn sich seine finanziellen und allgemein wirtschaftlichen Folgen allzu schnell klar enthüllen. So wird die Inflation zu dem wichtigsten psychologischen Hilfsmittel einer Wirtschaftspolitik, die ihre Folgen zu verschleiern sucht. Man kann sie in diesem Sinne als ein Werkzeug antidemokratischer Politik bezeichnen, da sie durch Irreführung der öffentlichen Meinung einem Regierungssystem, das bei offener Darlegung der Dinge keine Aussicht auf die Billigung durch das Volk hätte, den Fortbestand ermöglicht.

Die Inflationspolitik ist niemals die notwendige Folge eines bestimmten wirtschaftlichen Zustandes. Sie ist immer ein Erzeugnis menschlichen Handelns und von Menschen gemachter Politik. Man vermehrt die Menge des umlaufenden Geldes, sei es, weil man, von unrichtigen theoretischen Anschauungen über das Wesen der Geldwertgestaltung geleitet, sich über die Folgen dieses Tuns nicht klar ist, sei es, weil man, in voller Kenntnis der Wirkungen der Inflation, gerade die Geldwertverminderung aus irgendwelchen Gründen anstrebt. Es kann daher für inflationistische Politik nie eine Entschuldigung geben. Beruht sie auf unrichtigen geldwerttheoretischen Lehren, dann ist sie unentschuldbar, weil es für falsche Theorien nie und nimmer Gnade geben darf. Beruht sie auf einer bestimmten Einschätzung der Wirkungen der Geldwertverminderung, dann ist es widersinnig, sie „entschuldigen" zu wollen. Wenn man die Geldwertverminderung bewußt herbeigeführt hat, dann hat man sie nicht zu entschuldigen, vielmehr darzutun, daß dies gute Politik gewesen sei, daß es wirklich im gegebenen Fall richtiger sei, die Währung zu verschlechtern, statt etwa höhere Steuern zu erheben oder die Eisenbahnen aus dem Staatsbetrieb in die Hände Privater übergehen zu lassen.

Auch die Regierungen werden wieder lernen müssen, ihre Ausgaben den Einnahmen anzupassen. Der Satz, daß eine Regierung das Recht habe, fehlende Mittel durch Notenausgabe zu ersetzen, wird aus dem politischen Wörterbuch verschwinden, wenn man einmal erkannt haben wird, zu welchem Ende die Inflation führen muß.

VII. Die neue Geldverfassung.

Den Grund- und Eckstein der vorläufigen neuen Geldverfassung wird das absolute Verbot der Ausgabe von nicht voll durch Gold bedeckten Noten zu bilden haben. Der im Augenblick der Neuordnung des Geldwesens im Umlauf befindliche Betrag von Banknoten, Darlehenskassenscheinen, Notgeld jeglicher Art und Scheidemünzen wird, abzüglich des Goldschatzes und Devisenvorrates der Reichsbank und der Privatnotenbanken, als das Höchstausmaß des deutschen Notenumlaufes festgelegt. Eine Erweiterung dieses Höchstausmaßes muß, abgesehen von den bereits erwähnten Erleichterungen für die Quartalstermine, unter allen Umständen unterbleiben. Jede darüber hinaus auszugebende Note irgendwelcher Art muß durch Hinterlegung von Gold oder Devisen in der Reichsbank voll bedeckt sein. Das ist, wie man sieht, die Übernahme der Hauptbestimmung der Peelschen Bankakte mit allen ihren Mängeln. Doch diese Mängel haben für den Augenblick kaum eine praktische Bedeutung. Für uns handelt es sich zunächst nur um die Beseitigung der Inflation durch Stillegung der Notenpresse. Diesem heute allein anzustrebenden Ziele dient das strikte Verbot der Ausgabe von metallisch nicht bedeckten Noten am besten. Hat sich die neue Ordnung einmal eingelebt, dann ist es Zeit, darüber nachzudenken, ob es auf der einen Seite vielleicht nicht doch zweckmäßig wäre, innerhalb enger Grenzen auch die Ausgabe von metallisch nicht bedeckten Noten zu dulden, und ob es auf der anderen Seite nicht notwendig sei, auch die Ausgabe von anderen Umlaufsmitteln als Noten durch die Aufstellung von Bestimmungen über die Kassenführungsguthaben und den Scheck- und Giroverkehr der Banken zu beschränken. Dann wird aber wieder die Frage der Bankfreiheit grundsätzlich erörtert werden müssen. Doch das alles kann man einer späteren Zeit überlassen. Der Augenblick braucht nichts anderes als das Verbot der Ausgabe metallisch nicht bedeckter Noten, und mehr kann im Augenblick auch nicht geleistet werden. Höchstens könnte schon jetzt die Beschränkung der Umlaufsmittelausgabe auch auf die Giroguthaben der Reichsbank ausgedehnt werden[1]). Von entscheidender Wichtigkeit kann dies aber nicht sein, da die gegenwärtige Inflation sich ausschließlich durch Notenausgabe vollzogen hat und vollziehen kann.

Gleichzeitig mit der Erlassung des Verbotes der Ausgabe von metallisch nicht bedeckter Noten ist der Reichsbank die Verpflichtung aufzuerlegen, jede ihr zum Ankaufe angebotene Menge Gold zu dem der neuen Relation genau entsprechenden Preise gegen Noten anzukaufen und jedem, der ihr deutsche Noten in Zahlung zu geben vermag, jede verlangte Menge Gold zu demselben Preise zu verkaufen. Damit wird die deutsche Währung zu einer Goldkernwährung. Es wird später einmal zu prüfen sein, ob man auf den effektiven Goldumlauf im Innern dauernd verzichten darf. Man wird dabei sorgfältig zu erwägen haben, ob die höheren Kosten, die die Aufrechterhaltung einer effektiven Goldzirkulation im Inland erfordert, nicht reichlich dadurch aufgewogen werden, daß sie es ermöglichen würde, die Bevölkerung des Gebrauches der Noten zu entwöhnen und so vielleicht künftigen Bestrebungen zur übermäßigen Ausgabe von mit Zwangskurs versehenen Noten vorzubauen. Doch für den Augenblick genügt zweifellos die Goldkernwährung. Den Noten kann dann vorläufig noch die gesetzliche Zahlkraft für alle Zahlungen ohne Gefahr belassen bleiben.

Doch es muß ganz besonders darauf hingewiesen werden, daß die Einlösungsverpflichtung der Reichsbank in strengster Weise aufzufassen ist. Alle jene Künsteleien, durch die die europäischen Zentralnotenbanken in den letzten Jahrzehnten vor dem Weltkriege versucht haben, eine Art Goldprämienpolitik zu treiben, hätten zu unterbleiben.

Die nach diesen Grundsätzen geleitete Reichsbank wird nun freilich nicht in der Lage sein, dem Geldmarkte Mittel zur Verfügung zu stellen, die sie durch die Vermehrung des Umlaufes metallisch nicht bedeckter Noten gewonnen hat. Sie wird, abgesehen von den Möglichkeiten, die ihr der Giroverkehr bieten kann, wenn er vorläufig keinen Beschränkungen unterworfen werden sollte, nur soviel herleihen können, als sie aus ihren eigenen Mitteln und aus den ihr von ihren Kreditoren zur Verfügung gestellten Mitteln herleihen kann. Die in-

---

[1]) Vgl. oben S. 13.

flationistische Vermehrung des Notenumlaufes zugunsten des privaten Kreditbedarfes wird ebenso ausgeschlossen sein wie die zugunsten des öffentlichen. Die Bank wird nicht in der Lage sein, eine Politik zu betreiben, die es immer wieder versucht, den Zinsfuß des Marktes künstlich zu ermäßigen.

Die in den vorangehenden Abschnitten vorgebrachten Ausführungen über die Zahlungsbilanztheorie zeigen, daß die Reichsbank bei dieser Verfassung nicht Gefahr laufen wird, ihren Bestand an Gold und Devisen an das Ausland zu verlieren. Damit nicht die Inländer, von Mißtrauen gegen die künftige Bankpolitik erfüllt, die Noten gegen Gold und Devisen umzutauschen suchen, genügt die Bestimmung, daß die Bank in den ersten Jahren der neuen Verfassung nur Goldbarren, nicht auch Goldmünzen, und nur größere Abschnitte ausländischen Geldes und auf höhere Beträge lautende Devisen gegen ihre Noten abzugeben verpflichtet sei. Dann wird es nicht möglich sein, daß die Noten aus der Zirkulation ausgeschaltet werden. Im Anfang wird vielleicht eine größere Summe der Bank entzogen und thesauriert werden; sobald jedoch ein gewisses Vertrauen in die Beständigkeit des neuen Geldes erwacht sein wird, werden die angesammelten Horte an fremden Valuten und Gold in die Bank fließen.

Daß die Reichsbank auf jeden Versuch verzichten soll, den sich aus den Verhältnissen des Geld- und Kapitalmarktes ergebenden Zinssatz durch die Erweiterung des Notenumlaufes zu unterbieten, wird die Kritik des naiven Inflationismus der Geschäftswelt um so mehr herausfordern, als die Schwierigkeiten der Kreditbeschaffung für die deutsche Volkswirtschaft in den nächsten Jahren wachsen werden. Die Auffassung des Geschäftsmannes weist der Zentralnotenbank die Aufgabe zu, für billigen Kredit zu sorgen, und glaubt, daß die Bank sich dem Wunsche der Kreditbedürftigen, durch Schaffung neuer Noten Kredite zu gewähren, nicht versagen dürfe. Die Irrtümer der englischen Banking-Theoretiker sind schon seit Jahrzehnten in Deutschland herrschende Meinung, und neuerdings hat sie Bendixen durch seine „Theorie der klassischen Geldschöpfung", die sie in einer für das Verständnis des Laien faßbareren Form wiedergibt, geradezu volkstümlich gemacht. Man vergißt immer wieder, daß die mit dem leicht irreführenden Ausdruck Geldknappheit bezeichnete Verteuerung der Kreditbeschaffung auf die Dauer durch inflationistische Maßnahmen nicht bekämpft und daß der Zinsfuß auf die Dauer durch Vermehrung der Umlaufsmittel nicht ermäßigt werden kann¹). Die Vermehrung der Umlaufsmittel führt immer zum Steigen der Warenpreise und der Kurse der Devisen und Valuten.

VIII. Die ideologische Bedeutung der Reform.

Die grob materialistische Auffassung, die sich unsere Zeit für die Erklärung jeglichen Geschehens zurecht gezimmert hat, sieht in der Geldentwertung einen durch bestimmte „materielle" Ursachen bewirkten Vorgang und sucht nach irgendwelchen währungstechnischen Mitteln, um sie zu bekämpfen. Man merkt nicht oder will nicht merken, daß die Wurzeln der Geldentwertung ideologischer Natur sind. Nicht die „wirtschaftliche Lage" bringt die Geldentwertung mit sich, sondern die inflationistische Politik. Das Übel ist geistiger Art. Das Verkennen des Wesens des Geldes und die schiefe Beurteilung der Folgen der Geldentwertung haben die nun allgemein beklagten Zustände geschaffen. Der Inflationismus ist auch keine isolierte Erscheinung; er ist nur ein Glied des gesamten wirtschaftspolitischen und sozialphilosophischen Ideengebäudes unserer Zeit. Er gehört zum Imperialismus, zum Militarismus, zum Protektionismus, zum Etatismus, zum Sozialismus wie die Gut-Geld-Politik der Goldwährungsleute zum Liberalismus, zum Freihandel, zum Kapitalismus, zum Pazifismus gehört hatte. Und wie die Weltkatastrophe, die über die Menschheit seit 1914 hereingebrochen ist, kein Elementarereignis ist, sondern das notwendige Ergebnis der Ideen, die unsere Zeit beherrschen, so ist auch die Zerrüttung des Geldwesens nichts als die notwendige Folge der Herrschaft bestimmter geldwertpolitischer Ideologien.

Die etatistische Theorie hat alle gesellschaftlichen Erscheinungen durch das Wirken von geheimnisvollen Machtfaktoren zu erklären gesucht. Sie hat bestritten, daß es gelingen könnte, Gesetze der Preisbildung aufzuzeigen. Sie hat in Verkennung der Bedeutung der Warenpreise für die Bildung der zwischen mehreren Geldarten bestehenden Austauschverhältnisse zwischen „Binnenwert" und „Außenwert" des Geldes zu unterscheiden und die Veränderungen der Valutenkurse auf die Zahlungsbilanz, auf die Tätigkeit der Spekulation und auf politische Faktoren zurückzuführen gesucht. Sie hat die Banking-Lehre rezipiert,

---

¹) Vgl. meine „Theorie des Geldes und der Umlaufsmittel", a. a. O. S. 401 ff.

ohne irgendwie auf die gewichtige Kritik der Currency-Lehre zu achten. Sie hat schließlich die Lehre der Kanonisten und mittelalterlichen Hofjuristen wieder erneuert, daß das Geld ein Geschöpf des Staates und der Rechtsordnung sei. So hat sie den geistigen Boden vorbereitet, auf dem sich der Inflationismus der letzten Jahre entwickeln konnte.

Man irrt daher sehr, wenn man meint, man könnte wieder zu geordneten Währungsverhältnissen gelangen, ohne daß sich in der Wirtschaftspolitik Wesentliches zu ändern brauchte. Was zunächst und in erster Linie nottut, ist die Abkehr von allen inflationistischen Irrlehren. Doch diese Abkehr kann nicht von Dauer sein, wenn sie nicht durch vollständige Loslösung des Denkens von allen imperialistischen, militaristischen, protektionistischen, etatistischen und sozialistischen Ideen fest begründet wird.

Geldrechtliche Probleme der Stabilisierung.

Von

Minister a. D. Dr. **Franz Klein** (Wien).

I.

Fast immer, wenn Beziehungen zwischen Geld und Recht erörtert werden, erwartet man vom Rechte zu viel. Schon der Nominalismus verfällt in diesen Irrtum, der im positiven Rechte allerwegen begegnet. Über die Währungs= und Münzgesetze geht das besondere Recht des Geldes kaum weiter hinaus, als daß es Schutz gegen Verfälschungen gibt und rechtsgeschäftlich in Einzelheiten von dem Rechte anderer Güter abweicht. Es kann sich nicht davon ablösen, daß es ein Zweitgeborenes ist. Das Geldrecht wurzelt nämlich in den allmählich zum Gebrauch gewordenen Regeln des allgemeinen Güteraustausches, und das ihm Eigenartige wird sich vorzugsweise im Anschlusse an seinen Dienst als Tauschvermittler ausgebildet haben. Auch die ersten Ansätze des rechtlichen Geldschutzes waren keine Besonderheit des Geldes. Sie mögen vielmehr, wie der Schutz anderer Güter, Ausfluß des Instinktes der Rassensicherheit gewesen sein, der nach Lester F. Ward dem Abweichen vom Überkommenen entgegenarbeitet. Den Hauptanteil an der Geschichte der regelnden und schützenden Geldordnung haben Wirtschaft und Staatsgewalt. Das Recht pflegte sich zu Neuerungen im Geldwesen nur aufzuraffen, wenn die Verkehrsübung nicht mehr genügte, entartete oder die Staatsmacht das Geld zu ihrem Vorteile ausbeuten wollte. Das beschränkte sich zumeist auf Währungsgesetze und auf das Gebiet des Schuldenrechtes. Die feinere Durchbildung des letzteren ist neueren Datums und wieder nur abgeleitetes, da sie im wesentlichen Verarbeitung wirtschaftlicher Begriffe und Grundsätze durch die Rechtswissenschaft ist. Zu einer solchen Verarbeitung hat der wirtschaftliche Begriff der Stabilisierung des Geldwertes bisher wenig Anlaß geboten. Die Rechtsfragen, die bei den nicht allzu häufigen friedlichen Stabilisierungen auftauchten, betrafen vornehmlich die inhaltliche Umänderung der Geldschulden und wurden nach dem allgemeinen bürgerlichen Rechte in Ordnung gebracht. In der Gegenwart hat demnach eine Stabilisierung, was die Rechtsgesetzgebung anlangt, freie Hand, wenn neue geldrechtliche Bestimmungen wirtschaftlich notwendig oder eine gesellschaftspolitische Pflicht sind, denn auch das geht zurzeit dem Rechte voraus und gibt ihm Richtlinien.

Stabilisieren ist festigen eines unruhig gewordenen, labilen Geldwertes. Es ist kein Problem der Papiergeldtechnik, sondern, wie es formuliert wurde, die Frage der Wiederherstellung des Ausgleiches von Sachwert und nomineller Kaufkraft, der durch die Preisentwicklung gestört wurde. Dafür sind heute mehrere Formen im Umlaufe. Die erste ist Steigerung der Produktion, Umgestaltung der Notenbank, Ermäßigung der Reparationspflichten, Entlastung der Schuldenseite der Zahlungsbilanz, Einschränken der Staatsausgaben und Erhöhung der Einnahmen, Einstellen der Banknotenpresse, Auslandskredite usw., um den Geldwert durch sämtliche Mittel der Volks=, Finanz= und Staatswirtschaft zu stützen. Wie diese sonst in ihrem Zusammenhange das Gleichgewicht des Staatshaushaltes herbeiführen und den Geldwert bestimmen, soll auch die Stabilisierung das Ergebnis darauf gerichteter und berechneter staatlicher und gesellschaftlicher Tätigkeit sein. Das ist die natürliche echte, selbstschöpferische, vollwirkende Stabilisierung. Das Wort Stabilisierung wird aber auch für einen (vielleicht nur vorübergehenden) Stillstand der Geldentwertung, für augenblickliche Einmischungen, um eine erregte Bewegung des Geldwertes abzuschwächen u. ä. gebraucht. Es bezeichnet dann statt organischer Gesamtveränderung der Zustände einen Eingriff, einen Einhalt der Entwertung, der auf Änderung nur einzelner wirtschaftlicher und finanzieller Verhältnisse beruht und daher wegen der Fortdauer anderer Entwertungsursachen nicht unbedingt verläßlich ist. Diese Erscheinung kann unechte oder Teilstabilisierung, Stabilisierung mit beschränkter Wirkung genannt werden. Der Unterschied zwischen diesen beiden Arten wird gern übersehen. Trotz allem ist man auch mit der zweiten Art vielfach zufrieden, nimmt den Teil, wie beispielsweise den Auslandskredit, für das Ganze und schöpft daraus das Vertrauen zum Wiederaufleben, wiewohl diese Stabilisierung infolge des Zurückhaltens der Kredite, außerordentlicher Teuerung, Scheitern der Hebung von Staats= und Volkswirtschaft usw. jederzeit ein Ende mit Schrecken nehmen kann. Die eigentlichen geldrechtlichen Probleme sind die staatliche Umstellung des Geldwertes und das richtige Aufteilen dieses Wertwechsels auf die Parteien der einzelnen Klassen von Rechtsverhältnissen. Ihnen voraus gehen nichtrechtliche dienende Stabilisierungsmaßregeln deren Schwergewicht: die wirtschaftlichen, finanziellen, ad=

ministrativen und teilweise auch politischen Vorkehrungen sind. Die Stabilisierung selbst tritt mit jenen Rechtsakten in Kraft. Daneben gibt es dienende geldrechtliche Maßregeln, wie die Aufnahme von in- oder ausländischen Krediten, die neues oder geändertes individuelles Recht erfordern können, oder die Umrechnung des entwerteten Geldes auf Gold. Möglicherweise knüpft sich schon an sie eine Beruhigung des Geldwertes, doch, obwohl rechtlicher Natur, setzt weder das eine noch das andere für sich allein einen neuen Geldwert verbindlich fest. Mit voller Verantwortung kann der Staat sein Geld erst stabilisieren, bis alle finanziellen, wirtschaftlichen usw. Bedingungen der echten Stabilisierung sich wirklich erfüllt haben. Stabilisierung hat sonach den Doppelsinn einer rechtsverbindlichen und daher sicheren und einer bloß verkehrsmäßig verbürgten und deswegen, wie bemerkt, minder sicheren Kursbestimmung. Zum zweiten gehört die Stabilisierung, von der man in neuerer Zeit in Deutschösterreich so viel spricht, denn sie ist hauptsächlich auf die Auslandskredite gestützt und von einer staatlichen Vollstabilisierung weit entfernt. Daß sich auch das Wirtschaftsleben Österreichs seit September vorigen Jahres stabilisiert habe, ist daher genau genommen unrichtig und übertrieben. Diese angeführten Unterschiede sind wirtschaftlich, finanziell und auch politisch von größter Bedeutung, pflegen aber in der Regel nicht allzu klar herausgehoben zu werden. Den meisten ist alles Stabilisierung: Ziel und Mittel, die wirkliche Stabilisierung, einstweilen noch etwas Künftiges, und der Schein, dem man vorgreifend schon den Namen des Ersehnten beilegt. In der Tat stehen bis nun allein die Mittel und der Schein im Vordergrunde.

II.

Das geldrechtliche Problem der sinkenden Valuta, mit dem man sich seit längerem lebhaft beschäftigt, hat zu dem bekannten Vorschlage O. Mügels[1]) geführt, die Goldmark als Rechnungskurs einzuführen. Der Kurs des umlaufenden Papiergeldes soll durch Umrechnung in Goldmark und dann wieder zurück in Papiergeld gattungsmäßig stetiger und auch im einzelnen Geschäfte fester werden. Der Vorschlag geht nicht darauf aus, einen bestimmten Geldkurs durch eine finanzpolitische Maßregel des Staates herbeizuführen; er will das Schwanken des Geldwertes, weil es eine Quelle der Unsicherheit aller ge-

---

[1]) Juristische Wochenschrift, 1921, S. 1269 ff.

schäftlichen Berechnungen ist, Spiel und Valutaspekulation züchtet usw., auf dem Umwege doppelter Umrechnung beseitigen. Die rechtsgeschäft= liche Notenschuld hätte durch den Goldkurs des Begründungs= und durch den des Zahlungstages hindurchzugehen, um etwas vom Be= harren des Goldwertes sich anzueignen. Erst der Goldkurs des Zah= lungstages würde die in Papier zu bezahlende Schuldsumme be= stimmen, so daß dem Verkehr ohne Goldhingabe wenigstens die sach= teren und flacheren Schwankungen des Goldes gesichert wären. Es könnte dies kraft einer Rechtsnorm geschehen, derzufolge durch Ein= schieben der Goldzwischenstufe der regelmäßige Zahlungsvorgang eine Änderung erfahren würde. Dasselbe könnte zweifellos von den Par= teien eines Rechtsgeschäftes vereinbart werden, und ein geldrechtliches Problem wäre also auch, ob das bürgerliche Recht der Zahlung von Geldschulden durch eine solche Art von Vorschriften zu ergänzen wäre. Von vornherein war man ungewiß, ob tatsächlich, vermöge Ein= schiebens jenes ständigeren Wertmaßes, die Schuld den Erschütterungen des Papiergeldkurses von da an nicht mehr ausgesetzt wäre. Der Zweifel mußte in der Tat um so näher liegen, als von der zwei= maligen Umrechnung nach dem Vorschlage O. Mügels die Geschäfte des täglichen Lebens, die sich rasch abwickeln, ausgenommen sind. Für mehr Wertbeständigkeit des Geldes im unteren Marktbereiche geschähe dann gar nichts; hier könnte infolge gesteigerter Nachfrage, Abnahme der Warenvorräte u. a. Teuerung und Geldverschlechterung ungehemmt sich fühlbar machen. Mit der freien Wert= und Preisbewegung im Tagesverkehre setzt sich auch der Abstand zwischen Papier und Gold notwendig fest. Eine solche Doppellage in Geldwert und Preis inner= halb der nämlichen Geldordnung war geeignet, Bedenken zu erwecken. K. Geiler[1]) hat schon diejenigen vorgebracht, die sich seines Erachtens aus der Staats= und Volkswirtschaft des Deutschen Reiches und dessen Finanzlage aufdrängen. Sie dürften zum Teile über die An= und Ab= sichten O. Mügels hinausgehen. So ist z. B. nicht eine allgemeine Ver= wandlung der Schulden in Goldmarkschulden Zweck und Folge des Goldmaßstabes, und am allerwenigsten wäre der Zinsendienst von An= leihen in Gold zu leisten, da im Gegenteile die Schulden in Papier be= zahlt werden sollen. Seit dem ersten zweifelnden Empfange dieses Vor=

---

[1]) Die Geldentwertung als Gesetzgebungsproblem des Privatrechtes, 1922, S. 20 ff.

schlages sind mehr als zwei Jahre verstrichen, während deren O. Mügel für seine Theorie unverdrossen wirbt. Nicht nur, daß er so unter den Juristen Anhänger gewonnen hat, ist von ihm auch für das praktische Leben der Anstoß zur Umrechnung der Papierschuld in Gold ausgegangen. Ihm unmittelbar ist nur der Durchzug der Papiergeldschuld durch die Goldkurse zuzuschreiben. Daneben oder daraus erwuchs dann im Verkehr das endgültige Umrechnen der Papiergeldschuld in eine Goldschuld, die in Papier entrichtet wird; darauf ist später zurückzukommen. Der Vorschlag O. Mügels hatte den Vorzug des Bahnbrechens. Man stand von da an dem Hexentanze der inländischen Valuta nicht mehr so rat- und hilflos gegenüber; vom Gedanken, den Niedergang des Kurses aufzuhalten, war ein Schritt zu seiner Verwirklichung gemacht. Vielleicht war es nicht ganz der richtige, er entsprach jedenfalls einem Bedürfnisse, die Verbindung von Papiergeldzahlung mit Goldrechnung kam in Gang, und von den ursprünglichen Einwendungen ist nun schon vieles aufgegeben. Der Geldverkehr hat unter dem Glanz des Rechnungsgoldes, der auf Papiergeld fällt, nicht nur nicht gelitten, es fehlt nicht an Anhaltspunkten, nach denen bereits die Einführung der, wenn man sagen darf, einzwängenden Goldrechnung als Schutz gegen überspanntes Ausnützen des Währungssturzes nicht ganz fruchtbar war. Leider scheint sie es nicht für alle Wirtschaftszweige zu sein. Wegen des Verlangens nach Goldmarkkonten und Goldmarkkrediten, die in Papier ein- und ausgezahlt würden, wurde vor kurzem die regelnde Einwirkung der Goldrechnung neuerlich geprüft, und das Ergebnis war, daß eine solche Vereinigung mindestens im Bankverkehr „von Schwierigkeiten, Gefahren und Unmöglichkeiten" starrt und die „heute alle Welt beunruhigenden Schwankungen, Risiken und Spekulationen" nicht beseitigt[1]). Fr. Eulenburg sagt von jenen Einrichtungen, daß sie nur eine ganz äußerliche Regelung, noch dazu von zweifelhaftem Erfolge schaffen, aber an den Verhältnissen nichts ändern. Jedenfalls ist die Umrechnung bei manchen finanziellen Umsätzen mit bestem Willen von Spekulation nicht zu trennen, so daß derlei Geschäfte schließlich statt in Wertausgleich in Garantie- und Gewinnverschiebungen auslaufen.

Die Goldrechnung entstand auf dem Wege zur Stabilisierung, ist aber keine solche. Sie wäre es nur, wenn dabei die Absicht obwaltet

---

[1]) Dr. Friedrich, Goldmarkkonten und Goldmarkkredite. Bankarchiv, XXII. Band, Nr. 18, S. 224.

hätte, die Währung wieder auf dem Goldfuße aufzurichten. Daran war damals nicht zu denken und ist es heute noch weniger. Für Deutschösterreich war schon im Jahre 1921 der Kurs der inneren Kaufkraft ein fast unerschwinglicher Kurs für eine Stabilisierung; von einigen Centimes des Schweizer Franken oder gar vom Goldkurse konnte keine Rede sein. Deutschland geht es nun auch nicht besser. Der Maßstab des Goldes wurde dort gewählt, weil dieser der beständigste ist. Sollte man aber damals noch gehofft haben, die deutsche Währung auf den Goldkurs zu bringen, so war es für jene Zeit gewagt, nun wäre es eine Utopie. Die gegenwärtige Stabilisierung in Deutschösterreich hat ungefähr ein Vierzehntausendstel der Friedenskrone zu ihrer Unterlage! Das Goldrechnungsproblem ist mit dem der Stabilisierung aber auch deshalb unvereinbar, weil zwischen beiden ein grundsätzlicher Gegensatz klafft. Die Goldrechnung läßt dem Papier- wie dem Goldgelde Bewegungsfreiheit. Das langsamere Steigen und Fallen des Goldes soll der Geschwindigkeit des Kurswechsels der Landesvaluta entgegentreten, eine Bewegungskraft zügelt dann die andere. Deshalb wurde wider O. Mügels Vorschlag der Einwand laut, daß eine bloß teilweise Goldrechnung die Bewegung des Papiergeldes offen lasse und damit nicht die Beruhigung des Geldverkehrs erzeuge; sie müßte gerade umgekehrt zwischen dem unsteten Papier- und dem standhafteren Goldkurse einen Gegensatz hervorrufen. Das Goldmaß werde auch inmitten von Papier nicht imstande sein, die Preise oder den Notenkurs niederzuhalten. Wenn die Wirtschaft kein freundlicheres Gesicht annimmt, werde der Kurs des Papiergeldes weiter fallen. Dieses Gleiten und Flimmern hat nichts mit der Stabilisierung zu tun, deren Kern das staatliche Festsetzen eines unabänderlichen Geldkurses ist, und die daher nicht Kontrolle oder Abschleifung, sondern Aufstellen des einzigen unbedingt geltenden Geldkurses ist, der vom Staate statt des bisher maßgebenden festgesetzte Nennwert. Mit ihm verschwindet bei echter Stabilisierung die Goldrechnung. Würde sie dennoch hervortreten, so wäre damit das Mißlingen der Stabilisierung bekundet.

Die Goldrechnung wurde bisher überhaupt nicht staatlich angeordnet und man wollte sie, wie bemerkt, auch nie für sämtliche Geschäfte. Eine derartige Doppelseitigkeit könnte vielleicht nicht rechtlich angefochten werden, sie empfiehlt sich aber weder wirtschaftlich noch juristisch. Zur Stabilisierung des Geldkurses ist niemand anderer als der Staat zuständig. Sie ist, um ihre Hauptkennzeichen aufzuzählen, nicht, wie bis jetzt O. Mügels Vorschlag, ein Wegweiser für rechts= geschäftliche Zahlungen unter einzelnen, vielmehr gesetzliche Anord= nung notwendiger Änderungen der Währung, ein Währungsgesetz, das sogleich vom Privatrechte zum öffentlichen Rechte, von einer Beleh= rung zum schlechthin verbindenden Befehle aufsteigt. Weil Währungs= gesetz, hat sie vornehmlich die staatlichen und gesellschaftlichen In= teressen im Auge zu halten. Der gesetzgeberische Gedanke ist Regelung des Geldwertes zum besten aller, nicht individuelle, sondern kollektive Ordnung, die, anstatt das Ganze aus dem Gesichtspunkt des Einzelnen zu betrachten, die Einzelnen zum Gegenstand der Interessen des Ganzen erhöht und mit diesen verwebt. Darauf ist bei der Lösung aller geld= rechtlichen Probleme und insbesondere auch bei Bestimmung des Sta= bilisierungskurses Bedacht zu nehmen. Es ginge nicht an, daß der Staat wie die Katze mit der Maus spielt, indem er, wie gelegentlich angeregt wurde, zunächst den Kurs innerhalb gewisser Grenzen „pen= deln" läßt und diesen Abstand nach und nach einengt, bis der end= gültige Kurspunkt entdeckt ist. Das übersähe, welchen entsetzlichen Wirrwarr rascher Wechsel von Stabilisierungskursen anrichten würde. Zur Stabilisierung gehören ferner Maßregeln, um ähnlich anderen neuen Rechtsgesetzen die Rückwirkung auf ältere, vor der Stabilisierung begründete und noch fortbestehende Geldschulden angemessen zu ordnen. Nur erforderlichenfalls sind auch bindende Richtlinien zu geben, wie sich nach Inkrafttreten der Stabilisierung die Wirtschaft auf den neuen Geldwert einzustellen hätte, was bisweilen ebenfalls zu Rechtssätzen Anlaß gibt. Staatliche Vorschriften dieser Art könnten vor allem nicht in einer einzigen Generalschablone für sämtliche Stabilisierungsformen erlassen werden. Sie würden allzu leicht eine Zwangswirtschaftspolitik werden. Es gibt vielleicht Stabilisierungsformen, denen gegenüber staatliche Untätigkeit für die erste Zeit nach der Stabilisierung nicht zu verantworten wäre; es soll aber nicht gebieterisch befohlen werden, wo höchstens Rat willkommen wäre. Von der allergrößten Bedeutung ist endlich, daß es nicht auslangt, wenn lediglich diese oder jene Ge= schäftskreise mit den Einzelheiten der Stabilisierung zufrieden wären. Alle für die Gesamtheit Werktätigen und deren Familien müssen dabei bestehen können, und weil jede Stabilisierung der Erhaltung des Ge= meinwesens und seiner Angehörigen zu dienen hat, müssen aus den Verfügungen alle Hoffnung schöpfen können. Das wird nicht nach jedermanns Geschmack sein, für manche sogar übertrieben klingen.

Stabilisierung in den besiegten Ländern und in ihrer gegenwärtigen Not kann aber diesen Zusatz, mag man ihn menschlich oder sozialpolitisch nennen, nicht vermissen. Die innerpolitische Lebensfrage dieser Länder ist, ob Mittelstand und Arbeiter die Bedrängnis überstehen werden. Ungeachtet einzelner Unterschiede der beiden Klassen würde der Druck der Not, wenn sie noch zunimmt oder länger dauert, beide vernichten. Kapital und Mensch lassen sich hier nicht sondern. Diese Schicksalsgemeinschaft ist kein Geheimnis. Die Angst vor ihr malt, wie man öfter sieht, die Möglichkeit einer Stabilisierungskrise an die Wand und zeitigt in jenen Volksschichten die Einsicht, daß man sich, um diese Krise abzuwenden, zu einer Investitionspolitik werde entschließen müssen. Berücksichtigung der Werktätigen ist diese Investition [1]).

Auf eine weitere notwendige Beigabe hat O. Mügel in seiner Abhandlung aufmerksam gemacht. Es ist der für alle Stabilisierungsformen unentbehrliche Gedanke der sozialen Gerechtigkeit. Auch das überrascht auf den ersten Blick, denn obgleich manche deutschen und zumal österreichischen Geld- und Währungsgesetze des vergangenen Jahrhunderts mit sehr peinlichen Finanzlagen sich abzufinden hatten, die jenen Gedanken hätten nahelegen müssen, ließ man sich dennoch von dem finanz- und wirtschaftspolitischen Thema nicht ablenken. So flüchtig wird man mit der Stabilisierung jetzt nicht mehr fertig werden. Erst im letzten Halbjahrhundert ist zu der älteren Erkenntnis der Volkswirtschaft und des gesellschaftlichen Gedeihens die Idee der gesellschaftlichen Gerechtigkeit hinzugekommen. Sie sind miteinander verwandt. Das Ideal wäre, daß sie verschlungen die Bevölkerung aufwärts führen, doch die Welt ist noch nicht so weit, daß sie stets in Eintracht sind. Überall strebt seitdem soziale Gerechtigkeit nach Anerkennung, und manches hat sie erreicht. Sozial ungerechte Steuern halten sich stets schwerer, sozial ungerechte Wahlordnungen wurden bestritten, bis sie verschwanden, und sozial ungerechten Ehe- und Erbordnungen ergeht es ebenso. Der Krieg, die Demokratie und die Erlebnisse der jüngsten Vergangenheit haben das Streben nach sozialer Gerechtigkeit noch verstärkt. Nicht alles, was unter diesem Titel abgelehnt wird, besteht die Probe, doch ein Korn oder Körnchen Unrecht kommt bei näherem

---

[1]) Vgl. meinen Artikel: „Stabilisierung und Gesellschaftspolitik" in der N. fr. Presse, Wien, 26. Februar 1922.

Prüfen meistens an den Tag. So wäre es unsagbar ungerecht, wenn die Schwachen, die hauptsächlich unter der Geldentwertung zu leiden haben, mittels der Stabilisierung noch mehr entkräftet würden, dagegen die vermögenderen Teile der Bevölkerung aus der Stabilisierung Nutzen zögen. Der gleiche Stabilisierungskurs kann, wenn vergessen würde, auf soziale und Vermögensabstufungen Rücksicht zu nehmen, ungleiche Belastung sein und diese selbst wieder die Quelle verschieden wirkender verbitternder Ungerechtigkeiten werden. Das kann unmöglich das letzte Wort sein. Es müßte gegen die Stabilisierung einnehmen, sie wie die sie ersonnen, unvolkstümlich machen, noch mehr Unzufriedenheit erregen und die Verstimmung oder den Zwist unter den Klassen anfachen. Aber auch im Auslande würde es schaden. Nach dem Hunnen-, Barbaren- und ähnlichem Schimpfe, von dem noch genug nicht bloß in den Köpfen der Sieger sitzt, darf die Stabilisierung nicht zu einem Denkmal der Unmenschlichkeit oder zu einem Ausstoßen aus der Kultur gemacht werden, denn davon sind Mittelstand und sonstige Bedürftige durch die Stabilisierung sehr bedroht. Anscheinend ist trotzdem die Geneigtheit gering, die Stabilisierung von sozialer Ungerechtigkeit freizuhalten. Viele einflußreiche Gegner widerstreben. Deswegen ist es doppelt erfreulich, daß O. Mügel in seiner Schrift diese Frage nicht übergangen hat. Er lehnt Vorrechte der Gläubiger so gut ab wie solche der Schuldner, tadelt aber die Schädigung der für die Gesamtheit arbeitenden Volksteile und verlangt wohlwollendes Vorsorgen für Schutzwürdige, wie Witwen, Mündel, Kleinrentner, Arbeitsunfähige, Sparkasseneinleger u. a. (a. a. O. S. 1270). An diese Pflicht zur sozialen Gerechtigkeit zu mahnen, kam just zu rechter Zeit. Vielleicht stimmt es auch diejenigen nachdenklich, die völlig von der Idee einer ausschließlich finanztechnischen volksfremden Stabilisierung besessen sind. Es kann nicht Nachdruck genug darauf gelegt werden, daß, wie alle rechtlichen so auch die geldrechtlichen Probleme mit den sozialen und Kulturgedanken innigst verschwistert sind, seitdem in neuerer Zeit, nicht ganz ohne geschichtliche Vorboten, neben dem formalen ein soziales Recht aufgeblüht ist oder richtiger sich immer mehr aus dem formalen Rechte herausentwickelt hat. Namentlich seit den Rechtsverhältnissen der Massen mehr Beachtung zugewendet wird, prägt sich der zunehmende soziale Gehalt der Zeit deutlicher auch im Rechte aus. Die Ausdehnung sozialen Rechtes und sozialer Gerechtigkeit auf die Stabilisierung kann nicht etwa deshalb bestritten werden, weil gültige

Rechtssätze dieses Inhalts mangeln. Die Stabilisierung als Gesetzgebung kann, soweit es tunlich ist, am alten Rechte festhalten. Einerseits ist dieses aber für sie nichts Unübersteigliches, und andererseits ist es die gesündeste Fortbildung des Rechtes, von der Rechtsordnung schon anerkannte Rechtsgedanken oder Grundsätze auf weitere entsprechende Tatbestände auszudehnen, sobald Verkehrsbedürfnis, Rechtsgefühl und soziale Gesinnung es heischen. Der sozialen Gerechtigkeit bei der Stabilisierung Gehör zu geben, würde nur einer langen Reihe ähnlicher Rechtsgebilde ein neues Glied anfügen. Diese Ergänzung darf nicht unterbleiben. Wenn jedes Rechtsgeschäft nichtig ist, das gegen die guten Sitten verstößt, müssen Rechtsakte ausgeschlossen sein, die gegen Gerechtigkeit, etwas zweifellos ungleich Höheres, verstoßen. Unverzeihlich wäre es, staatliche Verstöße solcher Art gegen Privateigentum — das Geldsystem ist eine Eigentumsordnung — nachsichtiger zu beurteilen.

III.

Die herabdrückende Stabilisierung unterscheidet sich von der Goldrechnung zunächst dadurch, daß sie alle ärmer macht, um so ärmer, je geringer das Vermögen oder Einkommen ist, und die Gesellschaft wird durch diese Entwertung in den mittleren und in den meisten unteren Schichten noch kränker. Der Holländer G. W. J. Bruins hat in der Brüsseler Finanzkonferenz (1920) von der Deflation — die entwertende Stabilisierung gleicht ihr darin — unter anderem gesagt, es werde die Produktion dadurch leiden, der Zinsfuß werde steigen, der Kredit strenge Beschränkungen erfahren, Lohn und Preise sich widerstreiten und den Ziffern des Budgets wäre Abnahme vorauszusagen. Von anderen Seiten wird noch beigefügt die Minderung des Verbrauches, die Möglichkeit einer Industrie- und Handelskrise und, was noch am wenigsten Kummer verursachen würde, das Ende der Effektenkonjunktur. Außerdem wird in Mitteleuropa kaum mehr eine einigermaßen feste Untergrenze für einen neuen Kurs zu finden sein. Für die aufwärts trachtende Goldrechnung genügt zur Not der einzige Rechtssatz: Geldzahlungen sind in einem bestimmten Umkreise nach dem jeweiligen Goldkurse umzurechnen. Das Rechtsproblem ist damit abgetan. Das übrige könnte, wenn es sein müßte, der Rechtsprechung oder der Wissenschaft anheimgegeben werden. Weil man das Wort gern im Munde führt, es würde hier für neue Rechtsgeschäfte das formale

Recht ausreichen. Die entwertende Stabilisierung hat es nicht mit einem vom Grundgeschäfte abgelösten Vorgange, sondern mit dem Stoffe des Rechtsgeschäftes selbst zu tun. Sie braucht Rechtssätze, weil sie vorhandene Werte entzieht, weil hierbei weder vom Rechts- noch vom sozialen Standpunkte aus Unrecht überwuchern darf und die Stabilisierung in den alten Schuldverhältnissen nur mittels neuer Normen durchführbar ist. Die Entwertung durch den Staat ist im Verhältnisse zum früheren Nennwerte Widerrechtlichkeit und allein durch ein vermittelndes rechtliches Bindeglied halbwegs erträglich. Diese Stabilisierung ist darum in ihrem Kerngedanken zweifelhaft. Der erste Zweifel, den sie erweckt, ist, ob der Staat überhaupt berechtigt ist, den Geldwert zu verringern. Nach der lex lata gewiß nicht. Geld im rechtmäßigen Besitze ist Eigentum, und die deutsche wie die deutschösterreichische Verfassung erklären das Eigentum für unverletzlich und von der Verfassung gewährleistet. Entwertende Stabilisierung ist demgemäß verfassungswidriger Eingriff in eines der staatsbürgerlichen Grundrechte. Wie immer die Bevölkerung sich dazu stellt, verlangt wegen jener verfassungsrechtlichen Bestimmungen die Herabsetzung des Nennwertes ein Gesetz, das in Anbetracht des Widerstreites mit der Verfassung unter Beachtung der verfassungsrechtlichen Schutznormen (qualifizierte Anwesenheitsziffer und Stimmenmehrheit) beschlossen werden muß. Den Rechtsgehalt dieses Gesetzes drückt der Satz aus, der, obgleich schwerwiegender als derjenige der Goldrechnung, diesen an Einfachheit fast noch übertrifft: Der Nennwert der Noten wird auf einen bestimmten Betrag oder ihr Geldwert auf einen bestimmten Kurs herabgemindert. Juristisch kann das verstanden werden als Enteignung oder als Kraftloserklärung (Amortisation). Enteignung kann es sein, wenn der über den Stabilisierungskurs hinausreichende Wert, der ohnehin nicht mehr vorhanden ist, dem Geldinhaber nun auch rechtlich aberkannt wird; er kann ihn weder vom Staate noch vom Dritten fordern, oder nach der Formel der Geldentwertung: er kann ihn vom Dritten nicht fordern, damit er ihn vom Staate nicht begehren darf, denn auch da spielt ein tüchtiges Stück Staatsegoismus mit. Die Enteignung ist nach der deutschen Verfassung wie nach deutschösterreichischem Rechte daran geknüpft, daß sie dem Wohle der Allgemeinheit, dem allgemeinen Besten nützt und, sofern nichts anderes gesetzlich bestimmt ist, angemessene Entschädigung gewährt wird. Von der richtigen Auslegung dieser Bedingungen hängt für die minder- und unbemittelten Schichten alles ab. Die Zwangsamortisation, die den durch die Geldentwertung verlorenen Wert für nicht mehr vorhanden erklärt, würde mehr Schwierigkeiten begegnen, da sie in der ihr hier zufallenden Aufgabe kein fertiges Rechtsinstitut ist und vorerst dafür eine hinlängliche gesetzliche Grundlage gezimmert werden müßte. Gesetzestechnisch stellt so die entwertende Stabilisierung, allseitigen guten Willen angenommen, vor kein unlösbares Problem. Der Gesetzgebung wird nichts außer Maß zugemutet. Das davon verschiedene sachliche Problem besteht einmal darin, ob der dem Gelde oder Geldwerte durch Verfassung und Recht verbürgte Schutz aus wirtschaftlichen und finanziellen Gründen aufgegeben werden soll und, falls dies zu bejahen ist, welches die Richtlinien oder Schranken des Herabsetzens des Nennwertes sind. Die gesetzliche Deckung des Geldwertes preiszugeben, kann, soweit der Wert offenkundig schon geschwunden ist, nicht schwer fallen. Das Herabsetzen des Nennwertes in diesen Grenzen ist um so mehr ein bloß erklärender, bekundender Akt, wenn späterer Erholung kein Riegel vorgeschoben werden soll. Abgesehen von den unersättlichen Entwertungsschwärmern beurteilt die Mehrheit die Stabilisierung in der Tat danach, ob ihr ein Aufschwung des Geldwertes zufällt oder nicht. Unter dieser Voraussetzung könnte es nach allem, was zu hören ist, fast als gewiß angenommen werden, daß ein grundsätzlicher Einspruch in der großen Mehrheit der Bevölkerung nicht bevorsteht. Kluge Einsicht, schwacher Rechtssinn, Zermürbung und Abhärtung, aufopferungsfähiges Staatsgefühl und Selbsterhaltungstrieb, ein Gemisch seelischen Lichtes und Dunkels trägt zu dieser Gefügigkeit bei. Die Stabilisierung ist nun in gewissen Grenzen ein notwendiges Übel. Alle aber, die das Übel hintanhalten konnten und es trotzdem aufwachsen ließen, mögen an ihre Brust schlagen und den Fehler dadurch sühnen, daß sie die Stabilisierung nicht auch noch zu einer rücksichtslos vernichtenden sozialen Auslese steigern.

Die Lehre, daß ein staatliches Herabsetzen des Geldwertes mit der Gerechtigkeit nicht viel Aufhebens zu machen habe, ist falsch. Der Wertabzug wird, da es sich um ein gesellschaftliches Notopfer handelt, nicht von Zahlen und toten Summen, sondern von einem in Produktion und Reproduktion begriffenen Vermögen, von lebendigen Personenwirtschaften und Unternehmen, von einem gesellschaftlich und nicht bloß kapitalistisch abzumessenden Gute gemacht. Mit dem Unterschiede von reich und arm hat die Kultur in allem, was die Wirtschaft berührt, immer mehr den Gedanken der Progression verknüpft. Der Sinn ist, daß wirtschaftliche Unterschiede der Kultur tunlichst wenig abträglich sein sollen. Dieser Satz wird von den einen wirtschaftlich, von den anderen gesellschaftspolitisch oder moralisch begründet, und die Aufrichtigkeit, mit der man sich zu ihm bekennt, hat Grade; jedem aber dasselbe aufzulegen, obwohl es in einem Falle dessen Kultur- und Geisteswesen nicht im geringsten antastet, in einem anderen Falle es schlechthin zerstört, widerspräche den Anschauungen eines gesitteten Staates. Anstatt langer Beweise sei eine Stelle aus A. Lassons System der Rechtsphilosophie (S. 228) angeführt, die aufs schlüssigste besagt, was in Dingen der Stabilisierung und überhaupt bei gesellschaftlicher Verteilung von Gütern und Lasten der gerechte Maßstab ist. Wo, heißt es dort, wegen der verschiedenen Größe der einem jedem aus der Gemeinschaft sich ergebenden Vorteile oder wegen der, bei gleicher Notwendigkeit für alle, für die einzelnen verschiedenen Möglichkeit, dem gemeinsamen Zwecke zu dienen, der Unterschied der Personen als ein wesentliches Moment mitspricht, da sind die Lasten und Nachteile nach relativer, verhältnismäßiger Gleichheit zu verteilen, so daß nach gleichem Maßstabe jeder im Verhältnis zu seiner Leistungsfähigkeit und zur Größe der ihm aus der Gemeinschaft erwachsenden Vorteile zu Leistungen und Lasten herangezogen wird. Das ist Wort für Wort in ausgezeichneter Bündigkeit die Verteilungsregel der entwertenden Stabilisierung. Wertkürzungen z. B., die Wohlhabenden oder denjenigen, die alle Vorteile des Staatswesens für sich ausnützen können, nichts anhaben, dagegen Unbemittelte oder in ihrem Erwerbe Beeinträchtigte ins Elend stürzen, sind mindestens für die letzteren Unrecht. Sowohl für den Rechts- wie für den Wohlfahrtsstaat ist es, zumal bei einem für die Bedrängteren so grausamen Zusammenbruche wie jetzt, unbestreitbare Pflicht, derartige wirtschaftliche Ungerechtigkeiten weder zuzufügen noch zu dulden. Sie dehnen sich in der Regel gleich auf ganze Schichten aus und blasen die Glut der gesellschaftlichen Unzufriedenheit noch mehr an. Die sozial gerechte Aufteilung ist auch für die aufbauende Stabilisierung anerkannt, und vom Feststellen des Zwangskurses, dem die staatlich angeordnete Geldwert-Verringerung sehr ähnlich ist, wird ebenfalls gesagt, daß er im Dienste des Rechtes stehe und keine Handhabe sein dürfe, eine Partei vor der anderen zu begünstigen[1]). Wirtschaftlich und finanziell besteht hiernach das Problem

---

[1]) M. Rosenfelder in Jherings Jahrbüchern, II. Folge, 35. Band, S. 263.

der entwertenden Stabilisierung in der Auswahl des richtigen, einer Besserung fähigen Kurses, rechtlich dagegen weniger in Zulässigkeit und Wesenheit dieser Stabilisierung — für Übereinstimmung in diesen Punkten haben schon die öffentlichen Zustände gesorgt — als in der richtigen Übung sozialer Gerechtigkeit. Ihr darf die Stabilisierung weder als Maßregel für die Zukunft noch als eine rückschauende zuwider laufen. Die Welt ist in der Organisation weit genug fortgeschritten, um die Verteilung eines Massenschadens wahrhaft gerecht regeln zu können.

Der sozialen Gerechtigkeit ist, wie schon gesagt wurde, das Vor- und Rückwärtswirken einer Stabilisierung unterworfen, doch da der Sachverhalt beide Male nicht derselbe ist, sind auch die Ansprüche der Gerechtigkeit verschieden. Als Regelung des kommenden Verkehres ist die Stabilisierung ungerecht, wenn die Herabsetzung des Wertes unter die tatsächliche Entwertung herabginge, wenn sie den bisherigen Zustand zum Nachteile einzelner Teile der Bevölkerung verschärfen, unter was immer für Vorwänden das Disagio den Schwächeren zum Gewinne anderer zuschieben oder insbesondere wegen des Außenhandels oder sonstiger geschäftlicher Verdienstmöglichkeiten ohne Schonung eine Lage herstellen würde, die zwischen Klassen, Ständen oder Berufen arge Ungleichheit brächte. Dem Wunsche nachzugeben, den Kurs sehr niedrig zu halten, weil sonst „Händler und Industrielle" durch Entwertung der zuletzt eingeführten Waren, Abnahme des Geschäftsertrages oder durch eine Industrie- oder Arbeiterkrise u. a. leiden müßten, kurz die Menschen in Rettungswürdige und Sündenböcke oder Prügelknaben zu teilen, wäre ebenfalls Unrecht. Und zwar um so härteres, falls die Verluste der Stabilisierung namentlich Schichten aufgewälzt würden, deren Besitz oder Erwerb durchschnittlich überaus knapp ist. Eine Arbeitskrise geht vorüber, während für die unbemittelten Klassen ein ungebührlicher Druck auf den Geldwert zum schweren Unglück werden kann oder sie ihn nur langsam verwinden. Unrecht wäre ferner alles, was die entwertende Stabilisierung so einrichtet, daß sie zu ungeheuren Aufkäufen Gelegenheit gibt und mittels ihrer zugleich für die Zukunft Hochpreise sichert. Es fällt nicht leicht, sich in die Geistigkeit von Staatslenkern zu versetzen, die daran denken, durch ein Übermaß von Entwertung zu Krediten zu gelangen; Tatsache ist jedoch, daß in Deutschösterreich ohne triftige Erwägungen der äußerste Tiefstand der Krone als Ziel bezeichnet wird, so oft auf das Stabilisieren die Rede kommt. Ungerecht wäre es ferner, wenn zum Schutze des neuen Kurses den Arbeitern, Angestellten, Beamten usw. zwar verboten würde, nach der Stabilisierung ihre Lohn= und Gehaltsansprüche weiter zu erhöhen, hingegen am Warenmarkte die Verteuerung fortzusetzen unbeschränkt erlaubt sein möchte. Ungehemmtes Steigen der Warenpreise und eisernes Höchstarbeitseinkommen sind nicht nur unvereinbar, sondern auch politisch widersinnig. Über derlei in Stabilisierung eingehüllte Lohnherabsetzungen sagte der schwedische Professor Gustav Cassel in der Brüsseler Finanzkonferenz, daß ein Stabilisierungs= oder Deflationsplan, der eine allgemeine Herabsetzung der Löhne enthalte, nicht opportun wäre, denn jeder solche Versuch würde ohne Zweifel zu sozialen Unruhen führen und ein größeres Übel als der etwaige Vorteil der Lohnverminderung sein. Endlich wäre es ungerecht, wenn der Hilfsbedürftigkeit nicht mindestens im selben Umfange Rechnung getragen würde wie im Vorschlage O. Mügels. Als wirtschaftliche oder finanzielle Willensäußerungen wären die aufgezählten Anordnungen unklug und unmoralisch. Unrecht sind sie in ihrer Einkleidung als Gesetz und Recht sowie dann, wenn sie, weil Schadenszufügung, ungerechtfertigte Bereicherung u. ä. schon an sich geldrechtlich verpönt sind. Eine Aufnahme von derlei Ungerechtigkeiten in die Stabilisierung gäbe ein Zerrbild staatlichen Geldrechtes und wäre niemandem schädlicher als dem Staate selbst. Dafür hat die öffentliche Meinung bald den Ausdruck gefunden. Die gesetzlich sanktionierte Ausplünderung der Gläubiger durch die Schuldner, wurde anläßlich einer kritischen Aussprache über die Stabilisierung des Geldrechtes gesagt, muß im Wege einer Änderung des Privatrechtes und Entscheidung von Fall zu Fall nach Billigkeitsrücksichten wieder gut gemacht werden. Das wäre allerdings nur die eine Hälfte des Notwendigen, das Bedürfnis nach Abhilfe gegen absichtliche oder irrtümliche Ausartungen wirtschaftlicher oder finanzieller Interessen bei Stabilisierungen ist aber damit richtig bezeugt. Sollte das Recht dazu nicht ausreichen, so wäre an der Sozialpolitik die Reihe, Stabilisierungsunrecht zu vermeiden. Die Erkenntnis, daß aufbauende wie entwertende Stabilisierung mit sozialer Ungerechtigkeit eine gesellschaftsfeindliche Bahn einschlägt und aufwühlende Kräfte weckt, muß sich einmal durchsetzen. Mit ihr zugleich die, daß der Staat behufs politisch vorsichtigen und befriedigenden Verlaufes der Stabilisierung, wie schon bemerkt wurde, auf die Bewilligung von mancherlei

Zuschüssen und Beihilfen gefaßt sein müsse. Eines wie das andere geht langsam, denn es sind für die Geldkreise vielfach ganz neue Gedanken, die Zutritt verlangen, und die für diese Gedanken an das Tor klopfen, waren bisher im Reiche des Geldes, wenn auch vielleicht nicht die Verachteten, aber doch die Unbeachteten.

IV.

Viel üppiger noch könnte, sofern nicht rechtzeitig vorgebeugt wird, das Rückwärtswirken einer Stabilisierung Schaden stiften, wenn Ungerechtigkeit in den schwebenden Geldrechts-Verhältnissen aufschießt. Sie sind im guten Glauben auf Austausch gleichwertiger Leistung und Gegenleistung angelegt. Die entwertende Stabilisierung würde mit einem Schlage gegen alles Vertragsrecht bald die eine, bald die andere Partei schädigen. Einen solchen Massenvorgang zu dulden oder gar selbst sich dessen schuldig zu machen, kann eine zivilisierte Gesetzgebung nicht auf sich nehmen. Ein sehr unliebsames Aufbrausen der Bevölkerung könnte die Antwort darauf sein. Dieses Ärgernis kann umgangen werden, denn ein für Forderung und Schuld halbwegs annehmbares Vorgehen ist keine Kunst und wird dem Gesamterfolge der Stabilisierung wenig abbrechen. Erkannt wurde dies schon in dem oft genannten österreichischen Finanzpatent vom 20. Februar 1811 (J. G. S. Nr. 929). Dieses hat das damals umlaufende Papiergeld, das Zwangskurs hatte, auf ein Fünftel seines Wertes herabgedrückt. Für die Einlösung aller Arten Geldpflichten aus Verträgen, Schuldscheinen und anderen Urkunden früherer Zeit wurde eine Skala des Bankozettelkurses angefertigt. Die Zahlungen aus diesen Rechtsgeschäften waren nach demjenigen in der Skala angegebenen Kurse zu berechnen, der zur Zeit des ursprünglichen Darlehens oder sonstigen Kontraktes bestand. Alte und neue Schulden wurden auch damals nicht in einen Topf geworfen. Erstere behielten ihren ursprünglichen Wert und waren unter Bedacht auf die Verschlimmerung des Bankozettelkurses zu bezahlen. Das war mindestens nur ein blaues Auge; doch gab sich darin der Wille kund, der Gerechtigkeit zu genügen. Nach diesem Vorbilde wurde letzthin ein Plan entworfen, wie gegenwärtig die alten Schulden abzuwickeln wären, sofern es zu einer entwertenden Stabilisierung käme[1]). Er geht dahin, die seit Kriegsbeginn verflossene Zeit

---

[1]) Dr. H. Engländer, Die Stabilisierung unserer Währung und die Kronenschulden in der Wiener Neuen freien Presse vom 12. Juli 1922, Abendblatt.

in Abschnitte zu zerlegen, innerhalb deren der Geldwert nicht allzusehr schwankt, und für jede dieser Perioden einen Durchschnittskurs festzusetzen. In dem Betrage, auf den sich die Schulden der einzelnen Perioden nach diesem Durchschnitte belaufen, wären sie sodann auf Grund des Stabilisierungskurses endgültig umzurechnen. Dieses Verfahren träfe, wie man glaubt, den Gläubiger und den Schuldner nach dem Entwertungsgrade und würde zu einem gerechten Ausgleiche zwischen beiden die Hand bieten. Der Gedanke des Finanzpatents wiederholt sich in diesem Plane einerseits als Berücksichtigung des höheren Wertes der alten Schulden und andererseits als Verlustteilung. Letztere hätte der Plan vor dem Patente voraus, und vielleicht ist auch seine Skala sorgfältiger und wissenschaftlicher. Am bemerkenswertesten ist: das Bewußtsein, die Stabilisierung könne nur in ihrem der Zukunft geltenden Teile Gebot sein, in schwebenden älteren Rechtsverhältnissen aber müsse sie sich mittels „Arrangement" durcharbeiten, ist seit einem Jahrhundert lebendig. Neuestens will man sich nicht einmal mehr mit Schuldteilung zufriedengeben: für Miet-, Pacht-, Arbeits- und Dienstverträge usw. soll die Stabilisierung nötigenfalls zur Erhöhung des Entgelts oder zur Kündigung berechtigen. Das geldrechtliche Problem der alten Geldschulden kann daher für die Stabilisierung grundsätzlich als entschieden angesehen werden, wiewohl betreffs der Durchführung einiger Gattungen von Rechtsverhältnissen noch nicht alles feststeht.

Um für die entwertende Stabilisierung einen ähnlich vollständigen Überblick der Übergangsbestimmungen zu gewinnen, wie er für die Goldwert-Berechnung O. Mügels gegeben ist, sollen die bedeutsamsten Rechtsgeschäfte flüchtig durchgegangen werden, mit denen sich die Ordnung des Überganges zu befassen hätte. Zugleich mit der Stabilisierung könnten diese privatrechtlichen Verhältnisse, sei es behufs Übereinstimmung mit der Stabilisierung, sei es unter dem allgemeinen Gesichtspunkte der Geldentwertung, gesetzlich neu gestaltet werden[1]); das ist jedoch eine Sache für sich, die hier zu weit führen würde. Von Belang sind selbstverständlich nur von der Stabilisierung betroffene Geldansprüche und Geldschulden inländischer Währung, darunter auch diejenigen, in die ausländische Geldposten sich rechtmäßig auflösten. Darüber hinaus erstreckt sich die Reichweite der Stabili-

---

[1]) K. Geiler a. a. O. S. 10 f.

sierung nur, soweit die Gesetzgebung sich damit in einer für das Ausland verbindlichen Weise befassen sollte.

1. Die Hauptfigur des geschäftlichen Verkehres, der sich auch vornehmlich aus ihnen zusammensetzt, sind die Geldverträge. Beiderseits noch unerfüllte Verträge treten mehr zurück, weil die Parteien leicht übereinkommen können, ob sie den Vertrag auflösen oder wie sie sich sonst verständigen wollen. Überhaupt wäre in diesem Bereiche das gesetzte Recht nur anzuwenden, sofern die Parteien nicht anderes vereinbaren. Die von einem Teile nicht erfüllten Verträge in Mark oder Kronen sind entweder reine Geldverträge oder solche, mittels deren Geld gegen Sach- oder Dienstleistungen ausgetauscht wird (z. B. Lieferungs-, Miet-, Pacht-, Lohn-, Werkverträge u. a.). Die Geldleistungsverträge können einseitige sein, deren Muster das Darlehen ist, oder gegenseitige wie z. B. Versicherungsverträge. Das Rückzahlen von Darlehen zum Stabilisierungskurse wäre eine ungehörige Schädigung des Gläubigers; das Rückzahlen des vollen Nennbetrages der ursprünglichen Schuld in stabilisierten Noten würde den Schuldner belasten. Aus einem Geschäfte gleichgewichtigen Tauschens macht die Stabilisierung ein Differenzgeschäft, ein Zufallsspiel, das gesetzlich zu bekräftigen gegen Treu und Glauben und gegen die guten Sitten wäre. Der Schuldner darf nicht im Genusse jener grundlosen Bereicherung belassen werden. Ungerecht oder mindestens sehr unbillig wäre es aber ebenso, wenn das Darlehen für den Gläubiger zu einer Versicherung gegen Stabilisierungsverluste würde. Wie dieser bedenkliche Zustand fern zu halten sei, hat bisher noch nicht allzuviele geplagt. Das patriarchalische Zeitalter war darin feinfühliger als das soziale. Bei Beratungen über das österreichische Finanzpatent erwähnte v. Zeiller, einer der hervorragendsten unter den Verfassern des österreichischen bürgerlichen Gesetzbuches, daß der Nachteil der Wertherabsetzung von den inländischen Schuldnern und Gläubigern verhältnismäßig zu tragen sei; die ersteren hätten den letzteren den niedrigeren Kurs zur Hälfte zu vergüten. Auch v. Haan war der Meinung, daß Gläubiger und Schuldner je zur Hälfte die Entwertung zu tragen hätten; der Gläubiger könne sogar den vollen Kurswert fordern, wenn der Schuldner das Geld fruchtbringend angelegt hat und daraus den kurswertmäßigen Nutzen ziehen konnte. Andere Mitglieder der Hofkommission waren anderer Meinung; doch die Stabilisierung einem Fallbeile gleich walten zu lassen, hat niemand beantragt. Alle waren für Wahrung der Gerechtigkeit

und Billigkeit und erklärten sich insbesondere dagegen, das Staatsinteresse voranzusetzen. Der Staat, sagte z. B. v. Ehrenberg, verdiene alle mögliche Rücksicht; man dürfe nur nicht zugunsten der Staatskassen die Privatkassen ausleeren. Der Geist dieser Männer ist zu bewundern, und mancher Umweg und Fehlgriff hätte sich in der Rechtsprechung und Literatur der Geldentwertung ersparen lassen, wenn stets ähnliche erleuchtete Auffassungen die Führung gehabt hätten. Um so mehr ist sich ihnen bei der Stabilisierung zu fügen. Das sollte vor allem gleich durch die Vorschrift geschehen, daß, ähnlich Zeiller, der Stabilisierung unterliegende Darlehen zu einem Mittelkurse, z. B. zwischen dem Tage der Schuldbegründung und dem der Fälligkeit, zurückzuzahlen sind. Der Gläubiger hat sich auf den Nennwert des Abschlußtages verlassen und kann deswegen mindestens teilweisen Ersatz beanspruchen; der Schuldner aber gewinnt noch immer durch den ihm günstigen Kurs der Fälligkeit. Diese Schlichtung wäre jedenfalls gerechter als der Vorschlag, dem Gläubiger eine Anwartschaft auf Ersatz zu geben, indem ihm bei späterem Steigen des Kurses entsprechende Nachzahlung gebühren soll. Der Stabilisierung selbst wird mit dem Mittelkurse nicht nahegetreten; nur ein Tropfen individueller und sozialer Gerechtigkeit wird ihr beigemischt. Wie mit Einzeldarlehen verhält es sich mit Darlehen großen Formats, wie Reichs-, Staats-, Landes- und Gemeindedarlehen, Obligationen, Schuldverschreibungen und Sparkasseneinlagen. Nur so lassen sich von Mündeln, Kautionspflichtigen und anderen Personen, die zu Vermögensanlagen in gewissen Arten von Schuldtiteln bemüßigt waren, die Stabilisierungs-Verluste wenigstens zum Teil fernhalten. Vielleicht kommt man auf Tauglicheres als den Durchschnittskurs, oder man stimmt ihm vielleicht lieber bei, wenn er auf Darlehen von Dürftigeren oder auf Darlehen unter einem bestimmten Betrage, der aber nicht gar zu schmal bemessen sein dürfte, eingeengt wird. Für den gewerbemäßigen Geschäftsverkehr ist die Stabilisierung im Grunde nur eine der unaufhörlichen Kursschwankungen, mit welchen Erzeugung und Vertrieb, allerdings keineswegs ohne Nutzen, stets sich abzumühen haben. Deswegen darf sie aber nicht auf die leichte Achsel genommen werden, denn die Stabilisierung trifft nicht den Kredit allein, das gesamte Stamm- und Betriebskapital der wirtschaftlichen Unternehmungen erfährt durch sie mehr als eine Dezimierung. Dieser Vermögensentgang ist erheblich genug, um mit Zugeständnissen an geschäftliche Betriebe nicht allzusehr zurückzuhalten. Das Zugeständnis des Mittelkurses wäre schließlich zeitlich zu begrenzen.

2. Der Zuschnitt der Hypothekendarlehen weicht vom unversicherten Darlehen ab. Der Schuldner hat seinerzeit für die ordnungsmäßige Rückzahlung Bürgschaft gegeben und das Darlehen nur unter dieser Bedingung empfangen. Die Hypothekenschuld dem unversicherten Darlehen gleich zu behandeln, wäre unrecht. Der Gläubiger erhält weniger zurück, als er hingab, obwohl der Wert des Vermögensstückes, das ihm haftet, durch Geldentwertung und Verteuerung sich vervielfacht hat. Der zahlungsfähiger gewordene Schuldner hat weniger zu zahlen, obwohl er in der Regel auch mit seinem gesamten sonstigen Vermögen verpflichtet ist. Er gewinnt an Schuld, Pfand und Erlöschen der Haftung, der Gläubiger erhält aber bloß den kleinsten Teil der Schuld, ein Mißverhältnis, das nach Anwendung der Paragraphen über ungerechtfertigte Bereicherung oder, wenn deren Wortlaut hinderlich ist, nach Verlust- und Gewinnausgleichung durch einen Rechtssatz ad hoc schreit. Ob der Hypothekarkredit Abtretung eines Teiles des Liegenschaftswertes ist, darüber kann man verschiedener Ansicht sein; die Rechtsordnungen Deutschlands und Deutschösterreichs böten für diese Auffassung wenig Anhalt. Doch ohne Abhängigkeit von dieser bestrittenen Lehre ließe es sich zur Genüge begründen, für Hypothekdarlehen einen Zusatz zum Mittelkurse zu bewilligen, indem bei Stabilisierungen dem Gläubiger ein Anteil an der Wertsteigerung der verpfändeten Liegenschaft eingeräumt wird, sowohl als Folge der ihm versprochenen erhöhten Sicherheit wie deshalb, um das Rechtsverhältnis aus dem Bereiche des Zufalls in den der überlegten Anpassung zu bringen. Der Zuschuß könnte entweder so berechnet werden, daß der Betrag nach Mittelkurs innerhalb der Grenze des Darlehens um so viel mal öfter zu bezahlen ist, als sich der Wert des Pfandes seit der Verpfändung vervielfacht hat, oder das Verhältnis des Darlehens zum ehemaligen Grundstückswerte könnte den Multiplikator bilden. Ersteres wäre richtiger. Eine derartige Berichtigung ist namentlich im Hinblicke auf Hypotheken aus Mündel- oder Sparkassenvermögen, Kautionshypotheken u. ä. unerläßlich. Unterschiede nach den Personen oder nach den Darlehensbeträgen würden nur in bezug auf das Maß des Pfandzuschusses gerechtfertigt sein oder je nach der bücherlichen Rangordnung der Schuld. Pfandbriefdarlehen, hypothekarisch gesicherte Schuldverschreibungen u. dgl. wären ebenso zu behandeln. Die Größe der Darlehenssummen bei solchen

Wertpapieren ist keine Ursache, ihnen den Zuschuß zu verweigern, denn tatsächlich befinden sich diese Titres häufig in den Händen von tausenden Besitzern.

3. Für gegenseitige Geldverträge sind zunächst Ergänzungen des Rechtes nur insofern von Bedarf, als sich Mark oder Kronen und Gold oder ausländische Münzen gegenüberstehen. Derlei Geschäfte sind den später zu besprechenden Verträgen einzureihen, deren Inhalt Erwerb von Ware um Geld ist. Sind auf beiden Seiten Mark- oder Kronenbeträge im Spiele, so wird zunächst die Frage auftauchen, ob die Stabilisierung diese Beträge nicht so sehr verringert, daß es sich kaum mehr lohnt, am Vertrage festzuhalten. Ist dem so, dann ist mit dem Rücktritte alles beendet. Sonst setzt sich der Vertrag fort, die Stabilisierung trifft beide Vertragsteile im selben Maße, für das Recht liegt keine besondere Aufgabe vor, höchstens wird wegen Uneinigkeit über Fortdauer oder Aufheben des Geschäftes ein Schiedsrichter angerufen. Nur Versicherungsverträgen wird durch Rechtsätze nachzuhelfen sein. Für sie ist die Stabilisierung eine arge Heimsuchung. Prämien, Versicherungssumme, Prämienreserve, letztere namentlich auch durch Wertminderung der Hypotheken und der Staatspapiere einschließlich der Kriegsanleihen, alles schrumpft ein. Vielleicht wird sich bisweilen das Geschäft verzwergt, mit geringeren Leistungen auf beiden Seiten, geringerem Personale und geringerem Verwaltungsaufwande fortführen lassen. Kann man das nicht, so dürfte es keineswegs den Versicherungsgesellschaften und deren Kunden vorbehalten werden, sich um Fortbestand, Beendigung oder Umgestaltung der Versicherungen herumzuschlagen. Das Recht wird vor allem vorzusehen haben, daß Verletzungen von Vertragsobliegenheiten, die mit der Stabilisierung zusammenhängen, nicht als verschuldet angerechnet werden und Unregelmäßigkeiten in der Berichtigung von Prämien, mindestens bis zu anderweitiger Ordnung, von den Rechtsfolgen des Verzuges verschont bleiben. Dann ist, soweit nicht schon die Versicherungsbedingungen es tun, zu ermöglichen, daß Versicherungsverträge auf Wunsch der Versicherungsnehmer im ursprünglichen oder beschränkten Umfange in Kraft erhalten werden, bei etwaiger Kündigung oder bei Rücktritt des Versicherungsnehmers die Abfertigung ebenfalls nach einem Mittelkurse der Prämieneinzahlungen stattfinde und auch über die Bedingungen hinaus alles angeordnet werde, um tunlichst zu verhüten, daß Versicherte durch die Stabilisierung um die Versicherung kommen. Die Schiedsstelle,

die O. Mügel¹) anregt, wird auch hier am Platze sein, um Meinungsverschiedenheiten rasch auszutragen, die sich aus der Herabsetzung des Geldwertes in Prämie, Versicherungssumme oder bei der Liquidation usw. ergeben.

4. In der letzten Gruppe von Geldverträgen mindert die Stabilisierung den Geldwert zuvörderst nur auf einer Seite. Die Ware, die Tätigkeit ist ihr unzugänglich. Lediglich der Widerschein der Marktbewertung, an der auch der neue Kurs Anteil hat, fällt auf sie, so daß sie meßbar sind. Das Bezeichnende dieser Gruppe ist der Einfluß des Waren= und Arbeitsmarktes und seiner schwer beherrschbaren Preisbewegungen. Verträge, die nach der Stabilisierung abgeschlossen werden, müssen schon mit den neuen Wert=, Preis= und Lohnverhältnissen rechnen. Für die alten, noch nicht erfüllten Verträge gelten, es müßte denn ausdrücklich das Gegenteil verkündet sein, die ursprünglichen Vereinbarungen. Zwischen Leistung und Gegenleistung tritt dann ein ungefähr ähnlicher Unterschied auf wie bei Darlehen. An Ware oder Arbeitsleistung ändert sich nichts, die Geldleistung wird aber kleiner. Weder die Einrede des nicht erfüllten Vertrages noch die der teilweisen Unmöglichkeit würde helfen. Darum wird auch hier zu einem Mittelkurse nach der Anleitung unter 1. zu greifen sein, um den Kursstand auszugleichen. Solange die Leistungen auf beiden Seiten einen dem gesunkenen Geldwerte verhältnismäßigen Abbau vertragen, sind keine erheblichen Schwierigkeiten, denn wie solche ausgleichende Zahlungen vorzunehmen sein werden, damit nicht die dem Zahlenden zugedachte Wohltat durch die dann notwendige größere Menge minderwertiger Noten aufgezehrt werde, diese Frage wird durch das Stabilisierungsgesetz allgemein zu lösen sein. Für die crux, die vermutlich nicht so häufig vorkommen wird, daß sich Ware oder Arbeit und Ausgleichspreis nicht anpassen lassen, weil die Ware schon verbraucht und die Arbeit schon völlig verrichtet ist, wäre, falls nachträgliche Abschätzung untunlich ist, die Ausnahme zu machen, daß die Stabilisierung auf solche Fälle nicht oder nur beschränktere Anwendung findet.

5. Die Hauptstätten des Geldwesens sind die großen und kleinen wirtschaftlichen Unternehmungen, Einzel= oder Gesellschaftsbetriebe. Für sie wird die Stabilisierung nicht selten ein Ereignis sein, für das sie bald da bald dort unumgänglich neue Rechtsbestimmungen

---

¹) A. a. O. S. 1277.

haben müssen. Die Verlegenheiten beginnen mit der Verminderung des Wertes der im Betriebe angelegten und arbeitenden Kapitalien und dem möglichen Aufhören der Gewinne, die vielen die Geldentwertung so sehr versüßten. Die Stabilisierung kann ein Mißverhältnis zwischen Aktiven und Passiven erzeugen, das von Zahlungsschwierigkeiten, Statutenüberschreitungen, Geschäftsstockungen u. ä. begleitet ist. Für Gläubiger, Unternehmen und die Gesamtheit sind sieche, wankende Geschäftsbetriebe das Unzeitgemäßeste, und deshalb muß dem Anhäufen von Konkursen, dem Kurssturze von Aktien und anderen krisenhaften Vorkommnissen vorgebaut werden. Namentlich für Mittel- und Kleinindustrie und Landwirtschaft, wo das Kapital durchschnittlich karger ist, besteht zwischen dieser vorbeugenden Rechtsgesetzgebung und der Stabilisierung ein Junktim. Es können Vorschriften sein, die etwaige zivil- und verwaltungsrechtliche Erschwerungen der Kapitalserhöhung beiseite räumen, Krisenfolgen hinausschieben, wenn die Zahlungsfähigkeit voraussichtlich in kurzer Frist zu beheben ist, Stundungen zugestehen, aktienrechtliche Bedingungen zeitweilig außer Kraft setzen usw. An diesen Maßregeln darf jedoch kein Makel für die kaufmännische Ehre haften; schlechte Wirtschaft und finanzpolitischer Aderlaß sind erkennbar auseinander zu halten. In Betracht kommen auch Änderungen am Bilanzrechte. Die Stabilisierung trifft diesen Zweig der kaufmännischen Geschäftsführung in einer gewissen Unordnung. Unbeschadet der Rechtschaffenheit der Unternehmen hatte man — wird oft gesagt — der öffentlichen Meinung, der Arbeiterschaft und der Steuerbehörde wegen keine andere Wahl. Da mit dem Einstürzen der aufgeblähten Ziffern und aus anderen Gründen die Bilanzen anläßlich der Stabilisierung vielfach zu berichtigen sein dürften, wird, um darin Gleichheit und Übersichtlichkeit zu erzielen, die Gesetzgebung Leitsätze aufzustellen haben (Abschreibungen, Reserven, Rohstoffanschaffung u. a.). Auch in diese Rückwirkungen der Stabilisierung ist Klarheit zu bringen. Sehr wichtig ist in dieser Hinsicht das Kontokorrentgeschäft, für das namentlich zu verordnen sein wird, ob auch bereits erfüllte Geschäfte, die Bestandteil eines noch offenen Rechtsverhältnisses, wie z. B. eines noch nicht abgeschlossenen Kontokorrents sind, der Stabilisierung unterliegen. Mit Eintragung einer Post ist das Geschäft oder der Anspruch, auf den sie sich bezieht, endgültig erledigt. Die Eintragung ist Zahlung, und an der vollzogenen Zahlung kann nichts mehr geändert werden. Es müßte also eine Sonderung

Platz greifen, etwa so, daß mit der Stabilisierung das alte Konto abzuschließen und zum alten Nennwerte zu begleichen wäre und ein neues Konto zum Stabilisierungskurse zu beginnen hätte. In welcher Weise der Saldo eines mit der Stabilisierung geschlossenen Kontos nach der Stabilisierung zu begleiten ist, sowie für die ähnliche Frage, die sich unter 4. aufwarf, muß verbindliches Recht herrschen. Hinsichtlich der Zahlungsweise während des Überganges wird es überhaupt noch harte Nüsse aufzubeißen geben. Nicht alle würden so große Vorräte von Noten aufspeichern können, als notwendig wäre, wenn etwa von einem Tage zum anderen das Geld auf einen kleinen Bruchteil des bisherigen Wertes herabfällt. Das Stabilisierungsgesetz wird auch mitzuteilen haben, ob die Noten mit der Stabilisierung den bisherigen Nennwert ausnahmslos verlieren oder ähnlich den gestempelten und ungestempelten österreichischen Kronen für einige Zeit stabilisierte und unstabilisierte Noten im Umlaufe sein werden und mit welcher Zahlkraft. Eine andere Rückwirkungsfrage, die keineswegs allein in wirtschaftlichen Unternehmungen von Belang ist, bezieht sich darauf, wie die Tragweite der Stabilisierung für vermögensrechtliche Auseinandersetzungen sowie für Wert- und Schadenersatz zu beurteilen ist. Die Entscheidung darf nicht erst gemach aus der Rechtssprechung hervorkriechen.

6. Eine Anzahl von Geldansprüchen, deren Los für den Fall einer Stabilisierung ins Auge zu fassen ist, kann nach dem Beispiele O. Mügels[1]) unter dem treffenden Titel: „Tarife für Geldforderungen, die auf allgemeinen Normen beruhen", vereinigt werden. Hierher zu rechnen sind zumal die Besoldungen der Beamten und der nicht vertragsmäßigen öffentlichen Angestellten, die von Gerichts-, Verwaltungs- und Verkehrsanstalten eingehobenen Gebühren und Abgaben sowie die Steuern und alle Arten von Geldstrafen. Als Nachlaß von diesen Zahlungen wäre die Stabilisierung einerseits ein ausgiebiger „Gehaltsabbau", anderseits eine freudig begrüßte Ermäßigung von Belastungen, über welche die Bevölkerung manchmal laut klagt. Das Alltagsleben nähme für viele wieder ein freundlicheres Gesicht an, manche Bekümmernis würde verfliegen, man könnte sich fast im Paradiese der Vorkriegszeit glauben, und vielleicht würden selbst die Einwände gegen die Schmälerung der Bezüge verstummen. Daß dies Phantasien sind,

---

[1]) A. a. O. S. 1277.

wird sich niemand verhehlen. Juristisch stehen sich hinsichtlich der Gehaltsbezüge öffentliche und private Angestellte gleich. Der öffentliche Dienst mag Eigentümlichkeiten aufweisen, hinsichtlich der schwebenden Gehalts- und Lohnzulagen werden auf die Stabilisierung kaum andere als die unter 4. angedeuteten Grundsätze anzuwenden sein. Die Großmut des Staates und anderer öffentlicher Körperschaften mag darüber hinausgehen, an sich wird für den öffentlichen Dienst nichts anderes begehrt werden können, als der Darlehensgläubiger zu fordern berechtigt ist. Eine gewisse Ähnlichkeit mit dem Darlehen läßt sich den Geldverhältnissen zwischen Amt und Angestellten nicht absprechen. Gebühren, Abgaben, Steuern und Geldstrafen sind staatlich festgesetzte Leistungen, und je nachdem wird, sei es die Regierung, sei es die Gesetzgebung, sich zu entscheiden haben, ob die Verbindlichkeiten der Stabilisierung unterworfen sein sollen oder nicht. Entschließt man sich zu ersterem, so wird vermutlich bald die entsprechende Wiedererhöhung auf dem Fuße folgen. Daß hierbei von überleitenden Ausgleichungen vorweg abgesehen werden müßte, läßt sich nicht behaupten. Es käme nur auf den richtigen Willen an. Desgleichen könnten nach ihrer Zahlkraft den „Zensiten" Zahlungserleichterungen bewilligt werden. Die Stabilisierung wird man sich aber in keiner Richtung als etwas glatt Lineares vorstellen dürfen.

7. Nach den Ziffern von Geldbeträgen oder Werten ist bekanntlich die Zivilgerichtsbarkeit gegliedert. Im Strafrechte bestimmen sich nach ihnen die Qualifikationen mancher strafbarer Handlungen als Verbrechen, Vergehen oder Übertretungen, und es stuft sich mitunter die Strafbemessung danach ab. Mit der Geldentwertung schwollen diese Summen an. In demselben Maße erweiterten sich das Einzelrichteramt sowie die Kreise der Vergehen und Übertretungen in Vermögenssachen, und auch in der Skala der Strafsätze änderten sich die Beträge. Dieser Wandlung nimmt die Stabilisierung den Boden. Daß sich die Ziffern dann weit hinter die entsprechenden Friedenszustände zurückziehen und schlechthin in den genannten gerichtlichen Organisationen die ehemalige Lage wieder zurückkehre, verbietet sich zum großen Teile. Im Strafrechte würde eine ganz verfehlte Stellung der Mittelklasse der Vermögensdelikte daraus. Deswegen wird mit der Stabilisierung die Abänderung der Geldansätze Hand in Hand zu gehen haben, um für dasjenige, was aufrechtzuhalten wäre wie z. B. die Zuständigkeitsgrenzen der Zivilgerichte, die Abstufungen der Delikte, das Einzel-

richtertum, die Schöffengerichte usw. angemessene neue Beträge einzustellen. Vor der Stabilisierung verhängte und noch nicht bezahlte Geldstrafen sind nur zu erhöhen, falls das Urteil zu einer solchen Verschärfung Grund gibt.

V.

Außer der Umrechnung, mit der sich der erste Abschnitt befaßt, gibt es, wie dort nebenher bemerkt wurde, noch einen anderen ähnlichen Vorgang, um sich rein rechnungsmäßig, ohne in Gold zu bezahlen, aus der Unruhe des Mark- und Kronenkurses zu erretten. Die Rückrechnung entfällt dann, und der in Gold umgerechnete Papiergeldwert wird als Goldwert in Papier entrichtet. Im Gegensatze zur zweimaligen Umrechnung des Planes, den O. Mügel entworfen hat, wird hier das Goldmaß nur einmal angelegt (einfache Umrechnung). Keine Änderung an dem einmal ermittelten Goldwerte, dagegen kann der Papiergeldkurs, sobald zwischen Geschäftsabschluß und Zahlung ein Zeitraum liegt, sich ändern. Die Anhänger dieses Verfahrens bezeichnen den auf diese Weise gefundenen Zahlungsbetrag etwas überschwenglich und wegen der schließlichen Papierzahlung auch etwas leichtherzig als Goldeinnahme. Dem Schwanken der Goldwährung ist vorgebaut, ist es aber auch wahr, daß bei solchem Vorgehen das Papiergeld wertbeständig oder doch wertbeständiger wird? Von der Partei der einfachen Umrechnung wird es behauptet, der Zweifel kann jedoch nicht unterdrückt werden, wenn erwogen wird, daß die Beweglichkeit des Papierkurses die des Goldkurses bekanntlich stets weit überboten hat und die einfache Umrechnung gerade dem beweglicheren Bestandteile seine volle Freiheit beläßt. Der Schuldner kennt den Goldwert dessen, was er zu leisten hat — ob den der Zeit des Vertragsabschlusses oder des Zahlungstages, scheint noch nicht ausgemacht —, wieviel Papiermark oder -kronen er dafür nach Fälligkeit hinzugeben hat, kann sich in der Zwischenzeit außerordentlich ändern, z. B. im Falle eines Währungssturzes, wie ihn Deutschland und Österreich erlebten. Nur die Schuldsumme ist gegen Schwankungen geborgen, die Zahlungsmittel entgehen bei der einfachen Umrechnung den Kursbewegungen nicht. Die Kursfestigung ist daher nur eine halbe, da der Kurs des Papiergeldes unter dem würdevollen goldenen Dache die wildesten Sprünge sich erlauben kann. Unterm Schein des Sicheren führt so die einfache Umrechnung ins Unsichere. Das Entscheidende, wie das ungedeckte Geld zu einiger Rast genötigt werden könne, bleibt offen. Zum Einstellen, Verlangsamen oder Abflachen der Kursschwankungen muß entweder die Ursache der Unruhe schwinden oder eine hemmende Kraft auftreten. Die Ursache, die derzeitigen staatlichen und gesellschaftlichen Zustände, wird man noch lange nicht los werden, es ist also eine Kraft nötig, die den Kursbewegungen die Wage hält. Diese Gegenkraft muß vor allem etwas Wirkliches sein, denn zwischen Wirklichem und Unwirklichem ist, wenigstens in der Wirtschaft, kein Gleichgewicht. Goldrechnung oder Rechengold sind Unwirkliches und werden daher die Wertbewegungen des Papieres kaum abschwächen. Auch die Verallgemeinerung einer der beiden Goldrechnungen führt nichts herbei, das die Lücke in der Gelddeckung auszufüllen vermöchte. Daß Sinken oder überhaupt Bewegung des Papiergeldwertes künftig unmöglich sein werde, dafür kann demnach niemand sich verbürgen. Trotz des rechnungsmäßigen Heranziehens des Goldes müßte nach wie vor alles noch in Papiergeld leben. Der Kurs der Umrechnung, ob doppelter oder einfacher, wird also nur dann Geldfrieden stiften, wenn zugleich jene Gegenkräfte wirksam werden, zum Beispiel in Gestalt von Markterscheinungen, welche die Kaufkraft des Papiergeldes günstig beeinflussen, von Kreditgewährungen, der Einstellung der Notenpresse u. a. In Deutschösterreich wurde schon seit langem für die einfache Umrechnung Stimmung gemacht, unterstützt von der Staatsverwaltung, die in manchem ihrer Bereiche in Gold umgerechnete Summen in Papier annimmt. In Geschäftskreisen hat man sich teilweise auch daran gewöhnt, selbst wo nicht gezahlt wird, Summen der Landeswährung in Gold gerechnet auszudrücken. Beliebt ist diese Umrechnung auch als finanzielles Verschönerungsmittel, denn das Zurückführen auf die Goldrechnung verhüllt einigermaßen das ungeheure Anwachsen der Kurse und Preise. Diese Sympathien haben jedoch in Deutschösterreich in letzter Zeit einem gewissen Festerwerden des Kronenkurses Platz gemacht, auf das hin man die Umrechnung als ein unbequemes Notwerkzeug gern beiseite legt. Das veranschaulicht, wie sich die Goldumrechnung zur Stabilisierung verhält. Was der ersteren in Österreich sozusagen die Schwingen gebrochen hat, war das Stillegen der Notenpresse, die Beteiligung des Völkerbundes am Beschaffen internationaler Kredite, das Steigen der Staatseinnahmen und das Aufhören weiterer Abbröckelungen des Kronenkurses. Diesen Vorkommnissen fehlt noch viel zur „Sanierung", es ist vor allem noch ungewiß, ob sie selbst von Dauer sein werden; nur blinder Optimismus könnte schon das neue Morgenrot aufleuchten sehen. Jene Vorkommnisse bilden aber jedenfalls Triebfedern der Stabilisierung. In dem Maße, als die Antriebe und Möglichkeiten einer staatlichen Stabilisierung wachsen, werden Umrechnungen, wie man sieht, entbehrlicher, ein schlagender Beweis, daß sie weder der Stabilisierung dienen noch weniger selbst Stabilisierungen sind. Abweichend von mitunter vertretenen Meinungen ist daher die Lehre von den Goldumrechnungen aus der Lehre der Stabilisierung auszusondern. Der einfachen wie der doppelten Umrechnung mangelt das Wesentlichste: die bindende staatliche Festsetzung eines Kurses. Auch die einfache ist nicht Währungsgesetz und nicht Zahlungsvorschrift. Darum könnte sie sogar zu spekulativen Verteuerungen oder Irreführungen mißbraucht werden. Es gibt für sie auch keine eigenen geldrechtlichen Probleme; die obligationenrechtlichen Vorschriften des bürgerlichen und Handelsrechtes genügen.

Als Stabilisierung kann somit nach dem Vorangegangenen nur das staatliche Zurückschrauben des Kurses hinter den Nennwert, das staatliche Einbekenntnis der Geldentwertung und ihres Tiefstandes betrachtet werden. Es ist aber nicht die einzige Stabilisierungsform. Den Goldumrechnungen wohnt neben ihrem Augenblickszwecke erkennbar auch das Ziel nach der Goldbasis inne, und als O. Mügel mit seiner Theorie hervortrat, waren in Deutschland die finanzpolitischen Verhältnisse in der Tat noch so, daß es immerhin denkbar gewesen wäre, allmählich vom Papier sich wieder los zu machen und den Goldkurs zu erneuern.

Der Goldkurs würde, gleichgültig, wieviel vom Papiergelde im Verkehr bliebe, den Geldwert beträchtlich erhöhen und eine Entwicklung nach oben veranlassen. Gold ist nach den Vorgängen des Krieges und der Nachkriegszeit zwar nicht mehr der unerschütterliche Fels, als den man es früher ehrfurchtsvoll anzustaunen pflegte. Die heutigen Weltverhältnisse stellen es sogar in Frage, ob Gold als Basis der Währung unter allen Umständen als wahrer Segen zu preisen ist, doch der Mehrzahl der Menschen wird es nicht abzugewöhnen sein, daß sie den Übergang zum Golde für ein Glück halten. Nach Ansicht vieler gilt das für die besiegten Länder nicht. Nach dem dermaligen Stande wäre eine Pflicht zur Zahlung in Gold statt des jetzigen Geldes schon an sich, kraft des höheren Tatbestandes, eine rechtliche Unmöglichkeit.

Das rechtliche, juristische Urteil ist allerdings, wie gesagt, ein solches zweiter Hand und müßte sich dem fügen, wenn wirtschaftlich-finanziell gegen eine Goldstabilisierung kein Anstand erhoben wird. Dies wäre denkbar, die Goldstabilisierung ist gegenüber der nackten Not einer entwertenden Stabilisierung Ausfluß geschäftlichen Berechnens, der Rücksicht auf wirtschaftliche Vorteile, sonach nicht schlechthin unvermeidlich. Es werden sie daher Gesetzgebung und Regierung wirtschaftlich, gesellschaftlich und sittlich viel schärfer ins Auge fassen müssen als die aller Welt begreifliche Stabilisierung der Geldentwertung. Man kann ohne weiteres im Elende um ihrer Existenz willen den Bürgern Opfer ansinnen, bloß um gewissermaßen mittels der Stabilisierung zugleich im besseren Gewande sich vorzustellen oder die Geschäftsaussichten zu verbessern, darf zu Rechtspflichten nicht früher verhalten werden, als die Überzeugung gewonnen ist, daß alle Teile des Volks sie auch erfüllen können. Nicht bloß, so lange der jetzige Wirtschaftsstand andauert, würden die mit der Goldstabilisierung sich einstellenden Auflagen vermutlich schwerer sein als die der entwertenden Stabilisierung; der Wirtschaftsstand wird erst tüchtig aufblühen müssen, bevor die Zustände den Plan einer Goldstabilisierung ernstlich in Erwägung zu ziehen erlauben. Wenn der Staat, der die Zustände seiner Angehörigen kennen muß, wider besseres Wissen sie dennoch zu Zahlungen verpflichtet, die für sie unmöglich sind, so würde er selbst wie seine Gerichte Unrecht tun, falls diese namens des Staates Leistungen von Zahlungsunfähigen in der oder jener Weise mit Zwang hereinbringen wollten. Zu spät wäre es, erst dann sich anzuschicken, Unrecht vorzubeugen, wenn es schon begangen ist. Das bezieht sich nicht bloß auf wirtschaftliche Lasten, dieselben Abmessungen müssen mit aller Genauigkeit betreffs der gesellschaftspolitischen und moralischen Folgen angestellt werden, und zwar hier mit Bedacht darauf, daß derlei Schädigungen, wenn sie nur der Goldstabilisierung wegen heraufbeschworen würden, noch viel sorgfältiger zu vermeiden sind als wirtschaftliche. Die Goldzahlungen, sofern man sie sonst zeitgemäß erachtet, auf die wirtschaftlich, sozial und sittlich ertragbaren Abmessungen einzuengen, wäre daher ein weiteres geldrechtliches Problem der Stabilisierung. Um Ungerechtigkeiten auszuweichen, würde hinsichtlich der Goldstabilisierung für Darlehen sowie für Leistungen nach Tarifen ebenfalls ein Mittelkurs zuzugestehen sein, für Hypothekardarlehen jedoch ohne Anteil des Gläubigers am Wertzuwachse des Pfandes. Ferner würde, wo sich Geld und Ware oder Leistung gegenüberstehen, eine ausgleichende Teilung des Abstandes zwischen Vertrags- und stabilisiertem Preise gerechtfertigt sein. Ob die Geldbeträge, die für Anstalten des Gerichtswesens begrenzend sind, beibehalten werden sollen oder nicht, hängt vom Grade der Hebung des Geldwertes ab. Diesen Teil des rechtlichen Problems eingehend darzulegen, erübrigt sich, da fürs nächste eine Goldstabilisierung nicht nahe liegt. Wenn aber einmal an sie gedacht würde, wird sich auch ihr Ausbau der dann gegebenen Lage gewissenhaft anzuschmiegen haben.

Die Anhänglichkeit an die früheren Währungszustände erklärt den Wunsch, diese stabilisierend wiederherzustellen, eine weitere Form der Stabilisierung. Etwas Selbständiges ist eigentlich nur der Schauplatz und die Handlung, welche die Wende bewerkstelligen soll, die alte Währung war auch Goldwährung. So Verlockendes der Gesichtspunkt der alten Währung hat, die Hemmnisse weichen nicht, so daß es entweder aufgegeben wird, davon überhaupt zu sprechen, oder doch an eine unmittelbare Wiedereinsetzung in den vorigen Stand zu glauben. Ersteres ist trotz Hilfe wegen der Schwäche der früheren österreichischen Währung und der Gründlichkeit ihrer Verwüstung das Schicksal Deutschösterreichs. In Deutschland meinte man — allerdings noch vor dem Ruhrverbrechen — zunächst mindestens Vorbereitungen für die Wiederkehr in Angriff nehmen zu können. Nach A. E. Schäfer (Klassische Valutastabilisierungen, 1922) sind nicht bloß die Pläne, die in den Verhandlungen über die Reparation erwogen werden, Teile jener Vorbereitungen, die Geldwertsteigerung bis zur Verkündung des Stabilisierungskurses gehört ebenso dazu. Die Stabilisierung ist hiernach lediglich die den Ergebnissen dieser Entwicklung aufgedruckte Genehmigung und die Wiederaufnahme der vormaligen währungsgesetzlichen Ordnung. K. A. Herrmann will den Weg zur Stabilisierung durch eine Goldmarknote (4,2 Teile eines Dollars) bahnen, welche die Reichsbank auszugeben hätte. Diese Note soll nicht sofort Zahlungsmittel sein, sie wäre zunächst nur Werterhaltungsmittel als Ersatz für Reparationsleistungen, Einfuhr und inländisches Sparen; Zahlungsmittel bliebe die Papiermark. Das wäre eine rein währungstechnische Vorkehrung, um die Zahlungsbilanz zu entlasten und letzten Endes auf Stabilisierung der Papiermark hinzuarbeiten[1]. Ein dritter Ansatz: das Reich will gleichfalls den Sparern

---

[1] Bank-Archiv. Band XXII, Nr. 1, S. 6 ff.

Zugang zur Kapitalsanlage eröffnen, aber in Gestalt der Ausgabe von Goldschatzanweisungen, einer wertbeständigen Anleihe, die im weiteren die Stabilisierung der Währung zu vermitteln hätte. Der Rückkehr zur früheren Währung am nächsten steht das Szenarium Schäfers, es ist die einzige Zwangsläufigkeit, die zur früheren Währungsordnung führt. Keiner dieser Pläne war ausdrücklich auf Erneuerung der früheren Währung gerichtet. Das Werden der Stabilisierung ist nach Schäfer mehr als Wiedererwachen des früheren Rechtsgeldes und Geldrechtsystemes aufgefaßt, vielleicht mit einem größeren oder kleineren Wertwechsel, und das schlösse wohl den alten Zustand in sich. Die anderen Vorschläge verpflichten sich nicht, auch die frühere Währung aufzurichten. K. A. Herrmann spricht ausdrücklich von Währungsreform, vom Eingliedern der Goldnote in das künftige Währungssystem, hat sich also keinesfalls auf das früher Gewesene eingeschworen. Jedoch rechtlich fügen sich diese Pläne ganz in das Gerüste der früheren Geldordnung ein, und weil ihnen diese vorschwebt, könnten sie gleich damit beginnen, Stoff zu einem für sie selbstverständlichen Zwecke zu sammeln. Die Reichsbank hat ihr eigenes und das ihr zugedachte Vorhaben nicht vorwärts gebracht. Die Mark würde damit nicht stabilisiert, sondern nur die Verwirklichung einer der vielen Vorbedingungen des Stabilisierens in Angriff genommen worden sein, also eine unechte, teilweise Stabilisierung ähnlich der Stabilisierung der österreichischen Krone, sozusagen auf Widerruf, bis auf weiteres. Die Goldmarknoten und die Goldschatzanweisungen hätten gewisse gute Wirkungen ausüben können, und es ist alles zu loben und zu unterstützen, was davon abzieht, die Hände im Schoße, zuzusehen, bis der Kurs sich selbsttätig auf den richtigen Stabilisierungsspiegel erhebt. Auch ohne staatliches Festlegen wäre es Fortschritt, Vorläufer der Stabilisierung gewesen. Neue geldrechtliche Probleme hätten wohl nur die Goldmarknoten hervorrufen können wegen der notwendigen Einfühlung in das Währungsgesetz. Doch auch diese Sorge ist vorüber. Der verruchte Kampf gegen die Wirtschaft und die Finanzen Deutschlands hat gegenwärtig die Versuche vernichtet oder es unausführbar gemacht, Rechtsanstalten zu fördern, die einer späteren Stabilisierung nutzen könnten. Die Rückkehr zur alten Währung wie jede andere Goldstabilisierung ist auf vorläufig nicht absehbare Zeit vertagt.

Endlich kann stabilisiert werden durch Annahme einer neuen Währung. Wenn ungeachtet der Goldrechnung oder ohne diese die Ent=

wertung so fortschreitet, daß hinter einer langen Reihe von Dezimal=
nullen die Ziffern ganz verloren gehen und alle Versuche vergeblich
waren, sie wieder zu Ehren zu bringen, ist keine andere Wahl als Auf=
lösung des Staates, gegebenenfalls Einfügen in ein stärkeres Staats=
wesen oder neue Währung. Das Verfahren beim Übergang zu einer
neuen Währung wäre, daß auf weiteres Stützen der alten Währung
verzichtet wird und man die Geldentwertung ablaufen läßt. Die wert=
losen Noten würden nach und nach eingezogen und an ihrer Statt neue
Noten von wesentlich höherem Werte ausgefolgt werden, deren Kurs
von einer neuen Notenbank auf der Höhe einer Metall=, Roggen= oder
sonstigen Parität zu erhalten ist. In diesen neuen Noten, denen Wert=
beständigkeit unterstellt wird, liegt dann die Stabilisierung, deren geld=
rechtliche Probleme dieselben sind wie die der entwertenden Stabili=
sierung. Das Herabsetzen des Wertes kann sich auch im Zusammen=
legen, Abstempeln, Austauschen usw. der bisherigen Noten äußern.
Das Vorspiel der Goldrechnung, wenn die Heilung mit ihr begonnen
wurde, hätte den Vorteil, mittels des Durchrechnens aller Werte und
Preise dem neuen Gelde vorzuarbeiten; es ist dann Nachfolger
eines wenigstens rechnungsmäßig international verkehrsfähigen Gold=
geldes und nicht mehr Ruine eines niedergebrochenen Geldes, wie es
das frühere Geld ist. Tatsächlich ist sowohl im Rückblicke wie für sich
das neue Geld Vermögensverlust in Ansehung alles inländischen Geld=
besitzes und Geldeinkommens. Das könnte auch eine neue Goldrechnung
nicht abschwächen. Von dem Verluste verschont sind Sachgüter, aus=
ländische Valuta und Arbeitskraft. Wer nichts davon hat oder nur
für den Unterhalt Unzureichendes, ist bedürftig, daher auch jeder, nach
dessen Arbeitskraft zur Zeit keine oder geringe Nachfrage ist. Die
Stabilisierung durch Einführen einer neuen Währung enthebt deshalb
weder von den wirtschaftlichen, sozialen und moralischen Ausnahmen
und Zugeständnissen anderer Stabilisierungsformen noch von Über=
gangsbestimmungen nach dem Vorbilde der entwertenden Stabili=
sierung. Sonst sind die üblichen Vorschriften der modernen gesetzlichen
Währungsordnungen zu übernehmen. Für die Stellung des Rechts zum
Gelde ist dieser Währungswechsel besonders belehrend, weil er nicht
wie in der Regel unter Lebenden und auf gleichem Fuße vor sich geht,
sondern sozusagen am Sterbebette. Es ist kein Fortsetzen, sondern Ende
und Anfang. Mit dem wirtschaftlich=finanziellen Zusammenbruch des
Geldes, mit seiner Entwertung werden ihm seine Rechte abgesprochen,

der „staatliche Machtspruch" wird hinfällig. Deutlicher kann der Gefolgschaftscharakter des Rechts und die Überordnung des finanziellen und Wirtschaftlichen, des Metallistischen nicht sichtbar werden.

In Handel und Wandel teilt sich das Recht in die Ordnung der Lebensverhältnisse, die Satzungen für das menschliche Verhalten und in die Anstalten und Mittel, der Rechtsordnung ihre Kraft zu wahren, schützen und erzwingen. In der Stabilisierung tritt das Recht nicht bloß hinsichtlich der Art des Handelns sehr zurück, die tonangebenden Probleme der Rechtsanstalten sind ebenfalls weniger juristische als außerrechtliche. Es geht in ihnen um die wirtschaftlich-finanzielle Richtigkeit und Zweckmäßigkeit der Stabilisierung, um das politische Wohl des Staates, um das Opfer, das der Staat begehrt, um die Sorge für die schwächeren Teile der Gesellschaft, die soziale Ethik usw. Das Problematische der Stabilisierung ist demnach, ob und in welchem Maße sie den Forderungen der Volkswirtschaft, Staatspolitik, der Gesellschaftspolitik und der Moral entsprechen soll. Das Recht ist für die Stabilisierung kein diesem gleichwertiges Problem. Meist ist es nur beschützender Panzer von Außerrechtlichem, teils aber auch formale Kunst und sachliches Berufswerk, und letzterenfalls weicht es, wo sie sich widerstreiten, leicht dem staatlich-gesellschaftlichen Zwecke der Stabilisierung. Auch in der einzigen Frage ausgeprägt rechtlichen Wesens, den Rückwirkungen auf die Geldverhältnisse der Vorstabilisierungszeit, ist das Recht vom Außerrechtlichen angezogen und steht zumal unter der Beeinflussung durch die Moral, weil eine Lösung allein im Geiste des positiven Rechtes nicht voll befriedigen möchte. Selten noch dürften über die Stabilisierung des Geldwertes oder über staatliche Währungsänderungen Ansichten Ausdruck gegeben worden sein, die so bewußt wie diesmal Sozialpolitik, Moral und von ihnen erleuchtetes Recht als unentbehrliches Zubehör einer zutreffenden Beurteilung annahmen, vielleicht ist es sogar zum ersten Male. Noch wird dagegen widerstrebt. Zu unerwartet kam das Anmelden einer gerechten Stabilisierung, man war noch vollständig im Gedanken einer ausschließlich finanziellen, finanztechnischen befangen. Ob man für eine gesellschaftliche, geistige Auffassung der Stabilisierung schon allseits reif genug ist — politisch und kulturell wäre es gewiß hoch an der Zeit —, das ist fraglich. Die einmal bezogene Stellung muß aber behauptet werden, bis die Entscheidung gefallen ist. Lautet sie zugunsten der sozialpolitischen und ethischen Bestrebungen, so ist von Staat, Gesellschaft,

Staatssinn und Kultur eine Gefahr abgewendet und noch dazu für sie ein Gewinn erzielt. Denn was kaum Aufschub mehr duldet, ist ein Durchdringen von Wirtschaft und Finanzen nicht bloß mit Recht, sondern unmittelbar mit Gesellschaftspolitik und Moral. Trotz aller sozialpolitischen Schöpfungen walten in Wirtschaft und Finanzen, selbst unter der friedlichsten Decke, die ursprünglichsten, kaum gebändigten Spannungs-, Eigen- und Abneigungsgefühle, die Politik und Staatsgemeinschaft vergiften und Krieg und Kampf stets wach halten.

Ist die rechtliche Eingliederung von Außerrechtlichem wirklich von solcher Tragweite, so ist noch zu überlegen, welche Stabilisierungsformen für diese Aufgabe am empfänglichsten sein dürften. In dieser Hinsicht schließen die gegenwärtigen Erörterungen, wie schon mehrmals angedeutet wurde, mit einer ernüchternden Antwort. Es stellt sich heraus, daß Umrechnungen und Stabilisierungen keineswegs ein und dasselbe sind, daß ferner das Wort Stabilisierung für verschiedene Arten von Umrechnungen und von Kursbefestigungen verwendet werden, daher über diese Begriffe Unklarheit waltet, und daß zur Zeit der ordnenden Währungspolitik in Deutschland wie in Deutschösterreich nur wenige brauchbare Stabilisierungstypen zur Verfügung stehen. Auf Goldstabilisierungen, das Wiederherstellen der früheren Währung dazu gerechnet, sich einzulassen, dürfte angesichts der fast astronomischen Entfernung des Kurses vom Goldstande kaum geraten sein. Die Teilstabilisierung leidet auch im günstigen Falle daran, daß sie rechtlich oder gesetzlich nicht verbürgt ist und Gegenströmungen ausgesetzt sein könnte. Die echte natürliche Stabilisierung verlangt ein völliges Ummodeln des Staates und daher Vorarbeiten, welche die gesamte Staatsgemeinschaft aufwühlen und Jahre erfordern würden. Niemand weiß, ob sie überhaupt zu überdauern wäre. Außerdem drückt auf beide Stabilisierungen, daß, wie behauptet wird, im Auslande ein Steigen des Kurses nicht gewollt wird. Die Stabilisierung durch eine neue Währung ist dann das einzige, das vielleicht wenigstens derart in der Gewalt des Staates wäre, daß er die Währungsordnung so einrichten könnte, wie es die konkreten Verhältnisse heischen und gestatten. Notwendige politische Lösungen würden wahrscheinlich damit erleichtert, Gegensätze im Volke ließen sich eher meistern, man hat den Zeitpunkt der Stabilisierung in der Hand, und von den Überresten der Zeit der Geldnot müßte nicht alles mitgeschleppt werden. Den geldrechtlichen Problemen, auch in der hier für sie beanspruchten Erweiterung, läßt sich am Ende in allen Stabilisierungsformen Rechnung tragen. Während aber die zugespitzten Prinzipien bisweilen manche Unvollkommenheiten zu verursachen vermöchten, könnte eine neue Währung dies vermeiden, denn als Heilung von Staat und Gesellschaft in allen ihren Gliedern könnte die neue Währung im Unterschiede zur einseitig gerichteten Stabilisierung nicht anders als relativ sein. Es wäre nicht nötig, die erforderten Zugeständnisse dem jeweiligen leitenden Stabilisierungsgrundsatz abzuringen; die neue Währung könnte gerechterweise nur von der Mannigfaltigkeit der Gesamtheit ausgehen. Was in der Stabilisierung Ziel wäre, ist dann schon eine der unerläßlichen Voraussetzungen des neuen Geldwesens und bei dessen Aufbau nicht zu übergehen. Die an den geldrechtlichen Stabilisierungsproblemen gewonnenen Lehren würden so aus begrenztem Bereiche zu weiterer und höherer Wirkung aufsteigen, und Wirtschaft wie Finanzen könnten sich das Verdienst erwerben, zu stärkerer staatlicher Betonung von Sozialpolitik und Sozialmoral beigetragen zu haben.

Abgeschlossen anfangs Juli 1923.

Printed by Libri Plureos GmbH
in Hamburg, Germany